V

DE LA CRÉATION ET DE L'EMPLOI

DE

LA FORCE ARMÉE.

PARIS. — Imprimerie de LACOUR,
Rue St-Hyacinthe-St-Michel,

DE

LA CRÉATION ET DE L'EMPLOI

DE

LA FORCE ARMÉE,

Dédié à la Garde Nationale et à l'Armée,

PAR GUSTAVE DELVIGNE

ANCIEN OFFICIER D'INFANTERIE, CHEVALIER DE LA LÉGION-D'HONNEUR,
INVENTEUR DU NOUVEAU CHARGEMENT DES ARMES RAYÉES,
DES BALLES CYLINDRO-CONIQUES, DU PORTE-AMARRE
DE SAUVETAGE, ETC., ETC.

PARIS
LIBRAIRIE MILITAIRE, MARITIME ET POLYTECHNIQUE
DE J. CORRÉARD,
LIBRAIRE-ÉDITEUR ET LIBRAIRE-COMMISSIONNAIRE,
Rue Christine, 1.

1848

DE

LA CRÉATION ET DE L'EMPLOI

DE

LA FORCE PUBLIQUE

[illegible]

PAR GUSTAVE [illegible]

[illegible]

PARIS

LIBRAIRIE MILITAIRE, MARITIME ET POLYTECHNIQUE

DE J. CORRÉARD

[illegible]

[illegible]

PRÉFACE.

L'établissement de la république en France et l'armement général des citoyens doit, par la force des choses, amener des modifications profondes dans la création et l'organisation des éléments de la force armée.

De grandes économies pourront en être la conséquence, surtout si le gouvernement de la république voulait s'attacher avec soin, à profiter de toutes les améliorations qui pourraient être obtenues, afin de suppléer le plus possible, par l'excellente qualité des troupes, à l'importance du nombre.

Au moment où les grands changements survenus doivent faire espérer que l'intérêt de la chose publique sera désormais la suprême loi, je viens comme tant d'autres citoyens contribuer à l'œuvre commune, en soumettant au jugement du gouvernement et du pays, les résultats de vingt-cinq années de travaux consacrés à améliorer l'armement des troupes.

Puissent les progrès de la civilisation mettre bientôt un terme *à la nécessité absolue* de l'entretien d'une force armée puissante, mais jusque-là ce serait un crime de lèse-nation que de la négliger. L'expérience des siècles ne démontre-t-elle pas, que sans l'appui de la force, les nationalités elles-mêmes disparaissent du globe, sans pouvoir être sauvées par les vœux de la philanthropie.

Des faits de notoriété publique établissent qu'on est enfin entré dans une voie d'amélioration, par l'application des idées que j'ai eu le bonheur de concevoir. Il reste encore beaucoup à faire, mais j'ai maintenant la ferme espérance que le bien se fera.

Il y a trois ans, lorsqu'accablé par une lutte désespérée, je me consumais en vains efforts pour faire reconnaître l'extrême importance d'un changement dans la forme des projectiles des armes à feu, un grand nombre de députés voulurent bien m'accorder leur appui, et écrivirent en ma faveur une lettre chaleureuse au ministre de la guerre,

Bien que cette lettre fût écrite en vue de mes intérêts, elle énonçait les services que j'avais rendus et les conséquences considérables que déjà l'on entrevoyait alors, à l'adoption de mon système d'armement.

J'ai pensé qu'il me serait permis de présenter ce titre à la confiance du public; il me valut, il y a trois ans, le refus cruel du ministre de la guerre, d'avoir égard à mes pénibles sacrifices; aujourd'hui, je l'espère, je ne serai pas privé de pouvoir utiliser encore, au service de la France, l'expérience que j'ai acquise.

J'ose considérer comme d'un heureux augure pour l'emploi plus étendu des armes rayées, ce fait assez remarquable, que parmi les signataires de la lettre ci-après se trouvent une partie des membres du gouvernement provisoire et celle, entr'autres, du savant illustre, de M. le ministre de la marine, dont l'appui constant et énergique, a contribué si puissamment au triomphe des vérités, qui maintenant profitent à la France.

Paris, le 5 mars 1845.

MONSIEUR LE MINISTRE,

L'ordonnance qui vient de créer des écoles de tir, a naturellement porté nos pensées sur la situation de M. Delvigne. Nous nous sommes rappelés, que les expériences actuellement en cours d'exécution à Vincennes, et qui conduisent déjà à des conséquences si étonnantes, si imprévues, ont toutes, pour origine évidente, les essais de cet officier.

L'intervention de nos savants artilleurs dans une question délicate de balistique a été, comme on devait s'y attendre, féconde en améliorations; mais il serait souverainement injuste de l'oublier, les idées premières, les idées mères, appartiennent à M. Delvigne.

Pour les faire accueillir, pour les faire prévaloir, cet officier a sacrifié une position honorable, sa fortune, son avenir et celui de sa nombreuse famille. Nous le croyons, monsieur le Maréchal, très digne de votre protection. Vous ne permettrez pas, nous en avons l'entière confiance, que le nom de M. Delvigne aille, de nos jours, augmenter la liste, déjà si nombreuse, des inventeurs qui sont morts, victimes de l'oubli ou de l'ingratitude de leurs contemporains! Aussi, monsieur le Ministre, nous n'hésitons pas à vous offrir d'avance l'expression de notre gratitude.

DUPONT DE L'EURE. — ARAGO. — LEDRU-ROLLIN. — SUBERVIE. — CARNOT. — DE COURTAIS. — OUDINOT. — JAMIN. — ALLIER. — LAROCHEJAQUELEIN. — BALLOT. — DE SCHAUENBOURG. — TRACY. — VATRY. — DE L'ESPÉE. — DE LAIDET. — DE BEAUMONT. — DURRIEU. — ALLIÉ. — LARABIT. — LEMERCIER. — VIEILLARD. — BARROT. — LACROSSE. — DE BEAUMONT. — RAIMBAULT. — ETIENNE. — D'HOUDETOT. — LESPINASSE. — BARADA. — BILLAULT. — HAVIN. — DE LASTEYRIE. — CORNE. — TRIBERT. — CERFBER. — ODILON-BARROT. — SCHNEIDER. — ALLARD. — DE PREIGNE. — DE LASSALLE. — LEGENDRE. — DEMARÇAY.

DE LA CRÉATION ET DE L'EMPLOI

DE

LA FORCE ARMÉE.

CHAPITRE I.

De la force armée.

Qu'est-ce que la force armée ? C'est une puissance de destruction, qui agit par la destruction même, ou par la menace de la destruction.

Ajoutons bien vite, que la conservation des nationalités et de l'ordre dans toute société, n'est possible que par l'emploi ou la disposition de ce moyen suprême. Cette puissance redoutable ne peut s'obtenir que par l'emploi des armes, plus ou moins destructives de leur nature ; mais, pour les employer avec avantage, deux choses sont indispensables ; l'habileté convenable dans leur maniement, et *la force morale, qui seule permet de conserver dans le danger, la présence d'esprit nécessaire pour obtenir, du moins une faible partie, des effets que produit l'arme en elle-même.* Il est à remarquer du reste, que cette force morale, est la conséquence immédiate de la conscience que l'homme a de la force matérielle qu'il possède. S'il n'a pas cette conviction, la force matérielle est presque annulée entre ses mains, et la puissance destructive n'existe plus que faiblement. Il est certain encore, que cette force morale sera d'autant plus grande que les armes seront plus puissantes, et que l'habileté que l'homme aura acquise à s'en servir, sera plus marquée.

De la réunion et de la combinaison de la force physique et morale de l'homme, pris individuellement, et des effets destructeurs des armes remises entre ses mains, résulte donc *le premier élément de la force armée.*

Comme de la qualité de ce premier élément, soit garde national, soit soldat, dépend ensuite la force de la population et de l'armée, et que celle-ci doit réunir certaines conditions essentielles, en vue de l'application des règles fondamentales de l'art de la guerre, il en résulte, que la formation et l'éducation de l'homme armé, doivent toujours être calculées en vue de ces grands principes de guerre, dont la vérité est éternelle et qui *doivent dominer de haut* toute l'organisation militaire.

Quelles que puissent être les raisons de croire à la

conservation de la paix, et au maintien de l'ordre par la seule force de la raison publique ; on conviendra qu'il y aurait une contradiction évidente, d'un côté d'armer tous les citoyens et de créer un conseil de défense nationale, et de laisser de l'autre, les citoyens, dans l'ignorance du maniement des armes et des principes élémentaires de la science de la guerre.

Le premier de tous les principes de guerre est d'attaquer le point le plus faible de l'ennemi par des forces supérieures.

Le moyen d'appliquer ce principe, est *la mobilité des troupes*. Donc, on peut poser cet axiome, que la force réside principalement, *dans la mobilité de la puissance de destruction !*

Ces deux conditions doivent être réunies et combinées dans une juste mesure et dans le but que l'on se propose d'atteindre ; leur application repose sur une base immuable, *les forces physiques de l'homme.*

L'expérience des siècles a consacré la vérité de ce principe, toujours vrai, malgré la diversité des armes, de l'organisation et de la tactique militaires qui en étaient les conséquences ; mais l'expérience de ceux qui ont vécu, sert-elle toujours à ceux qui suivent ?

Un exemple bien remarquable s'offre à nos regards de l'impuissance de la force armée, lorsqu'elle ne réunit pas, à un degré convenable, *la mobilité, à la puissance de destruction* ; cet exemple, c'est la guerre d'Afrique.

A quoi sert la force destructive de nos bataillons lorsqu'ils poursuivent, sans jamais pouvoir les atteindre, les masses si légères, si mobiles de la cavalerie et de l'infanterie arabe ? A quoi servait à Abd-el-Kader la mobilité si prodigieuse de ses cavaliers, lorsque réunis même en nombre considérable, tous leurs efforts venaient se briser contre la redoutable puissance des armes de nos plus faibles bataillons carrés.

De longues années se sont écoulées, bien des centaines de millions ont été dépensés dans cette lutte continuelle, qui enfin a été provisoirement terminée, moins par les effets d'une guerre régulière, que par ceux d'un système de dévastation, frappant les intérêts des populations !

En présence de ce spectacle si nouveau d'une armée française de cent mille hommes tenue en échec par les populations arabes, dépourvues de toute organisation militaire, d'artillerie, et n'ayant qu'un misérable armement, de nombreuses plaintes se sont élevées dans la presse et à la tribune nationale. On a dit avec raison : « C'est avec de pesantes colonnes d'infanterie traînant après elles de l'artillerie, des vivres et des bagages, que vous voulez atteindre la cavalerie des Arabes ! Augmentez donc votre cavalerie et faites la guerre principalement avec cette arme. » Mais ceux qui parlaient ainsi, en comprenant si bien l'infériorité de l'infanterie, relativement à la mobilité de la cavalerie, avaient-ils bien compris le rôle que joue la puissance destructive des armes ?

Il était impossible d'abord de former une cavalerie à peu près égale en nombre à celle des Arabes ; quoique très inférieurs sous ce rapport, nos escadrons renversaient, partout, il est vrai, les masses informes de la cavalerie arabe, mais le combat par le choc et à l'arme blanche n'est pas le seul ! Le combat par le feu joue le plus grand rôle en Afrique. Or, favorisée par sa prodigieuse mobilité, la cavalerie arabe soit à nombre égal, soit en nombre supérieur, se tenait à distance et avait recours à la fusillade ; et vu le nombre et la mobilité, la puissance des armes passait de leur côté ; il fallait donc de toute nécessité appuyer les mouvements de la cavalerie par la puissance de destruction de l'infanterie, et dès lors on perdait l'avantage de la mobilité ! Pour sortir de ce cercle vicieux il n'y aurait eu qu'un seul moyen, c'était la formation, *la création* de corps de dragons, tels que les conçut leur premier fondateur, les véritables dragons du maréchal de Brissac. Pourvus d'armes d'une grande portée, d'une grande justesse, très habiles tireurs, débarrassés de tout bagage inutile, montés sur des chevaux rapides, une telle troupe eût réuni au suprême degré la mobilité à la force destructive, *par le feu*. A ces colonnes de dragons mobiles, redoutables par le fer et surtout par le feu, il eût fallu adjoindre de l'excellente cavalerie sabrante, soit pour couper la retraite, soit pour décider, par le choc, la déroute préparée par le feu. En un mot, il eût fallu combiner leur action comme se combinent, dans les guerres européennes, celle de la cavalerie et de l'*artillerie* à cheval, appelée autrefois *artillerie volante*. Mais, pour exécuter de pareilles choses indiquées par le simple bon sens, il eût fallu que le bien de la chose publique fût la suprême loi, et que les progrès réalisés et applicables n'eussent pas été étouffés ou repoussés par des intérêts autres que ceux du bien du service!

Laissant de côté l'exemple remarquable de la guerre d'Afrique, où nous voyons une armée française de cent mille hommes, peu mobile, tenue en échec par des cultivateurs et des bergers nomades, héritiers des qualités guerrières des anciens Numides, tournons nos regards vers des exemples tout opposés, où la combinaison de la puissance destructive par le fer et le feu, jointe à la rapidité des mouvements d'une excellente infanterie, d'une excellente cavalerie, renverse tout dans l'offensive, ou résiste à des efforts gigantesques : les campagnes de Napoléon en Italie! La campagne de Napoléon en France!

De tels exemples, rendus plus instructifs par leur contraste même, suffiraient sans doute pour appeler l'attention sur des principes dont l'importance est trop souvent méconnue. Mais ces exemples ne font pas ressortir l'importance toute particulière que présente spécialement pour la France, l'application de ces principes; c'est là, ce qu'il importe surtout d'établir.

Lorsqu'un architecte, après avoir employé une partie

de sa vie à imaginer, à combiner la construction d'un vaste et magnifique édifice est appelé à le faire élever, il faut qu'il montre son plan à tous les ouvriers qui, pendant de longues années peut-être devront concourir à la construction. En voyant l'ensemble des travaux, leur but final, les détails sont alors mieux compris ; en voyant achevé dans son imagination un monument glorieux, chaque ouvrier travaille avec plus de zèle, et sur les efforts partiels, qui concourent à l'œuvre, se répand alors l'esprit d'unité, l'esprit des grandes choses. Il est vivement à regretter, que les principes fondamentaux qui doivent présider à la science de la guerre, ainsi que les conditions qu'ils doivent imposer à l'organisation de la force armée, ne soient pas mieux connus dans tous les grades de la hiérarchie militaire. Quand on songe que c'est de la force morale et matérielle du soldat que dépend en grande partie le succès du général sur le champ de bataille, on doit déplorer qu'une instruction militaire plus développée, ne vienne pas initier un peu le citoyen armé à la connaissance des grands principes de la science, dont la simplicité est en définitive bien grande. Qu'y a-t-il de plus simple que de comprendre, que si avec vingt mille hommes on en attaque dix mille, il y a tout à parier qu'on sera vainqueur. La stratégie et la tactique apprennent à amener ces combinaisons ; mais quels sont les moyens ? Les jambes et les armes du soldat ! Relevé à ses propres yeux, comme premier et indispensable élément d'un système d'organisation dont il aperçoit les moyens et le but, le patriotisme, le désir de la gloire et tous les nobles sentiments qui peuvent animer le soldat, font alors réunir tous les efforts et les soumettent à l'*esprit d'unité militaire (qui est la discipline)*, plus sûrement que la peine de mort qui en protége l'exécution à chaque ligne du Code ! N'est-ce pas cette pensée qui est rendue admirablement par la gravure représentant un bataillon du temps de la république, embusqué jusqu'au ventre dans un marais, sous une pluie battante !

Placé dans cette position, un vieux soldat tire sa montre et dit : « *L'ennemi ne se doute pas que nous sommes là ! Il est sept heures, nous le surprendrons demain à quatre heures du matin !* »

En admettant qu'il existe dans tous les rangs de la nation armée, l'intelligence de ces choses si simples, que le maréchal de Saxe appelait cependant la partie sublime de l'art de la guerre, la part des chefs ayant la mission de mettre en action ces éléments de force, la part du génie qui doit créer les combinaisons qui amènent la victoire est encore assez belle, pour qu'un sentiment égoïste ne vienne pas s'opposer à ce que la connaissance des principes fondamentaux de la science se répande jusque dans les masses armées.

Parmi les grandes vérités, qui ne sont que peu connues, il en est une qui mérite de l'être par dessus tout, et dont le simple exposé, aussi facile à voir que la lumière du jour, suffit pour augmenter dans l'âme de tous les citoyens français le sentiment de leur force, la conscience de la force nationale.

Depuis un quart de siècle, le sentiment profond de cette vérité a été pour moi le stimulant qui m'a soutenu, pour m'efforcer, malgré les plus grands obstacles, d'apporter dans les armes des perfectionnements *qui n'étaient que les moyens* d'appliquer plus facilement le premier principe de la science de la guerre, et qui consiste comme je l'ai fait remarquer, à attaquer le point le plus faible de l'ennemi, par la mobilité de la puissance de destruction.

Les moyens que je proposais étaient nouveaux ; beaucoup de militaires distingués reconnaissaient leur supériorité sur les moyens connus, mais l'objection qui me fut faite généralement était celle-ci : « Soit, votre système est bon, mais alors toutes les puissances étrangères l'adopteront, et l'équilibre se rétablira aussitôt ! Mais c'était là précisément une erreur, ou l'oubli des raisons toutes spéciales pour la France, de préparer l'organisation militaire en vue de la plus grande mobilité possible !

Quelle que soit l'importance d'une vérité nouvelle, sa clarté est loin d'apparaître subitement à tous les esprits ; l'aveuglement causé par les intérêts froissés, les préventions, l'amour-propre et l'envie, opposent à son admission dans le monde des obstacles souvent considérables,

L'expérience prouve, qu'il faut qu'un homme ou quelques hommes, initiés d'abord à l'existence d'une vérité inconnue et profondément convaincus, la proclament avec énergie et persévérance, et soutiennent longtemps son flambeau jusqu'à ce que la lumière s'étant faite, le monde la reconnaisse par ces mots : Oui c'est la vérité !

Le temps fixé par la Providence à l'épreuve que doit subir chaque vérité nouvelle, qui de la source intarissable et mystérieuse des vérités, descend à son tour sur le monde, dépend beaucoup de l'autorité que peut avoir la bouche qui la proclame. Je suis donc heureux de pouvoir, dans l'intérêt d'une vérité si importante que celle dont il s'agit, invoquer le témoignage d'un des premiers lieutenants de Napoléon. Je puise dans un de mes mémoires, publié en 1845, le passage suivant :

« Pour décider ce point important, une haute autorité est nécessaire à l'appui de ce que dit la raison, et heureusement M. Delvigne a recueilli ce jugement, dans une circonstance de sa vie mémorable pour lui. Les considérations ci-dessus avaient été exposées par lui dans un mémoire publié en 1836, et dont la lecture attira l'attention de M. le maréchal Soult, qui fit appeler M. Delvigne, le 8 février 1838. A peine la porte de son cabinet fut-elle entrouverte, que M. le maréchal s'écria : « *Je* « *pense comme vous, Monsieur, et lorsque nous serons* « *arrivés à donner aux armées françaises la plus grande*

« *mobilité possible, elles l'emporteront sur toutes les ar-*
« *mées de l'Europe!* »

« Voici à quoi se rapportaient *ces paroles remarquables*, précieusement recueillies, et qui peuvent fixer l'opinion, sur le point qui domine toute la question. L'autorité du jugement n'aura certainement rien perdu, pour avoir été prononcé à une époque plus rapprochée de celle où M. le maréchal Soult commandait des armées à la guerre.

« Prévoyant l'objection du rétablissement de l'équilibre par une adoption générale de son système, M. Delvigne avait écrit, page 80 de son mémoire, publié en 1836, ce passage :

« Voici ma réponse, je la livre aux méditations les
« plus sérieuses des militaires.

« Du jour où l'on adopterait pour l'armée française l'or-
« ganisation qui permettrait la plus grande mobilité possi-
« ble, mobilité qui n'aurait d'autres bornes que celles que
« la nature a posées dans les forces physiques de l'homme,
« dès ce jour, l'armée française acquiert tout-à-coup, sur
« toutes les armées de l'Europe, à l'exception des armées
« espagnoles, un avantage immense, inhérent à son sol, à
« la nature et au caractère de ses habitants ; jamais les
« autres peuples ne sauraient atteindre au même degré de
« mobilité, quelques efforts qu'ils puissent faire pour y
« parvenir, car, il est reconnu, qu'à l'exception de l'Es-
« pagnol, le soldat français est celui qui marche le

« mieux, et qui est le plus susceptible, même après une « très longue marche, d'être poussé à une action de vi- « gueur par l'exaltation morale que l'on peut développer « chez lui.

« Dès ce moment, la stratégie, en disposant plus li- « brement de la puissance de destruction, la dirigera « avec toute la rapidité possible sur les points les plus « faibles. »

En résumé, il faut donc reconnaître ces deux vérités, sur lesquelles doivent reposer l'organisation militaire de la France :

1° Que la force réside principalement dans la mobilité de la puissance de destruction ;

2° Que par ses qualités morales et physiques, le peuple français est plus que les autres peuples apte à l'organisation militaire qui permet la plus grande mobilité possible.

Comme l'architecte dont je parlais plus haut, j'ai exposé les bases et le but du système, dont les inventions qui m'appartiennent forment les principaux éléments. J'espère que le lecteur en suivra maintenant tous les détails avec plus d'intérêt, puisqu'il a pu voir clairement qu'il s'agit sérieusement de l'intérêt du pays.

Je traiterai successivement ces différents points le plus succinctement possible.

CHAPITRE II.

Du maniement des armes.

La première chose que doit savoir l'homme, qui reçoit entre les mains une arme que la loi lui confie pour la défense de la patrie ou de l'ordre intérieur, est d'éviter les accidents qui, par suite de négligence ou de maladresse, pourraient compromettre sa vie ou celle de ses concitoyens.

La première règle à observer rigoureusement, est de ne jamais ajuster quelqu'un de près ou de loin, que l'arme soit chargée ou non. Dans quelque circonstance que ce soit, et surtout en maniant la platine, il est de règle absolue, chez les hommes sachant manier les armes, de maintenir ou placer toujours le canon dans une direction telle, qu'en admettant que le coup vienne à partir, il ne puisse atteindre personne. Une sorte de point d'honneur devrait être attaché à l'observation de ces règles, et des amendes devraient être convenues entre les citoyens pour rappeler sans cesse à des précautions, sans lesquelles l'armement d'une nombreuse population entraînerait inévitablement des malheurs très fréquents.

Une arme ne doit rester chargée, que dans le cas de nécessité, et lorsque, dans cet état, on est obligé de la déposer, on ne saurait prendre trop de précautions, pour éviter qu'elle ne puisse tomber dans des mains inhabiles ou imprudentes, surtout dans celles des enfants. La mesure que l'on prend souvent d'enlever l'amorce d'une arme à silex ou la capsule de celle à percussion, présente de si nombreux inconvénients, que c'est une question de savoir s'il ne serait pas plus prudent de laisser l'amorce.

Il est très important qu'on le sache, lorsqu'on enlève de la cheminée la capsule fulminante, qui a été enfoncée fortement avec le pouce, et plus souvent encore avec l'aide de la pression du chien, il reste sur le sommet de la cheminée une petite partie de fulminate, en poudre blanche, souvent presque imperceptible. Ce fulminate, en raison de son extrême ténuité, détonne sous un choc assez faible et avec beaucoup d'énergie, relativement à sa faible quantité. Pour éviter cette cause de nombreux accidents, qu'on n'oublie jamais, à l'instant même où on enlève la capsule, de passer le pouce sur le sommet de la cheminée afin d'enlever les parcelles de fulminate qui y seraient restées adhérentes.

Enfin, un des meilleurs moyens d'éviter que des accidents n'arrivent avec des armes restées chargées, amorcées ou non, est de placer un morceau de papier pincé entre la tête du chien et la capsule, ou entre la batterie et le bassinet. La vue de ce papier si facile à placer signifie *chargé* et retiendra par crainte ou par prudence, du moins les indiscrets.

Indépendamment des malheurs qui peuvent arriver par des armes restées chargées qui tombent dans des mains inhabiles, les causes d'accidents, par des armes maniées par des mains peu exercées sont encore trop nombreuses et il est important de les énumérer.

En armant et désarmant, en faisant ce qu'on appelle jouer la platine, beaucoup de personnes placent le pouce *sur la crête* du chien; il en résulte que la vivacité du mouvement de détente du grand ressort, fait quelquefois échapper le chien et partir l'arme. Cet accident peut arriver facilement, même aux hommes habitués à manier les armes de chasse, lorsqu'ils prennent en main des armes de guerre; la force beaucoup plus grande du grand ressort à laquelle ils ne sont pas accoutumés, les surpend à l'improviste, le chien s'abat et le coup part.

Règle absolue, il faut donc toujours placer la première phalange du pouce en travers contre la partie antérieure de la crête du chien, en maintenant la flexion du pouce assez fortement pour ne jamais être surpris par la détente du grand ressort.

Une cause de nombreux accidents résulte ensuite du maniement inhabile de la platine sur lequel il importe d'éclairer tous les citoyens. Lorsque le chien est armé ou au repos, la détente du grand ressort qui fait partir le coup n'éprouve d'autre obstacle que la résistance qu'oppose le bec de gâchette engagé dans la noix, soit dans le cran de l'armé ou du bandé soit dans le cran du repos. Dans le premier cas, une pression modérée sur la détente, que recouvre la sous-garde, suffit pour faire partir le coup. Dans le second cas, celui où le chien est au cran du repos, la profondeur de ce cran rend le départ de l'arme impossible ou fort difficile dans les circonstances normales. Sous ce rapport, il suffit donc de porter une grande attention à ce que, soit par mégarde, soit par oubli, un chien ne soit armé quand il doit être au repos. Mais malheureusement, par suite de l'inexpérience à manier l'arme, il arrive qu'elle n'est, ni bien au repos, ni bien armée, et voici comment. Le mouvement du bec de la gâchette s'engageant dans les crans de la noix ou s'en dégageant, est communiqué par le doigt, agissant sur la détente, laquelle le transmet à la queue de la gâchette; un petit ressort, appelé le ressort de gâchette, sert à exercer une pression constante du bec de gâchette contre la noix, de manière à l'obliger à s'engager dans les crans du repos ou du bandé. Mais comme l'action de ce petit ressort, est facilement contrebalancée par la pression du doigt sur la détente, il en résulte que, lorsque cette pression s'exerçant à contretemps, vient à gêner le mouvement de la gâchette, celle-ci, au lieu de s'engager dans les crans, s'arrête sur la crête du cran du repos ou sur le bord du cran de l'armé. Dans ce cas, malheureusement très fréquent, le moindre choc suffit pour faire partir le coup.

Pour éviter ces graves inconvénients, voici les règles à observer : le chien étant abattu, pour le mettre au repos, placer le pouce sur la crête comme il a été dit, le tirer en arrière (sans exercer aucune action sur la détente), jusqu'à ce que l'on entende le bec de gâchette tomber dans le cran du repos. Pour armer, on tire le chien en arrière jusqu'à ce que, après avoir entendu le bruit du bec de gâchette tombant dans le cran du repos, on l'entende ensuite tomber dans le cran du bandé.

Quand ce bruit, qui se nomme l'appel, n'est pas net et distinct, on peut craindre que le bec de gâchette soit arrêté sur le bord du cran, et il est prudent de désarmer pour armer de nouveau.

L'action de désarmer pour remettre au cran du repos ou pour réarmer, exige la plus grande attention de la part de celui qui n'en a pas l'habitude. Pour l'exécuter, on tire un peu le chien en arrière en appuyant en même temps sur la détente, et on laisse descendre doucement le chien, aussitôt que le cran du repos est dépassé, on *lâche complètement la détente*, et on retire le chien en arrière, soit jusqu'au cran du repos, soit jusqu'à celui de l'armé, en observant le bruit *d'appel*. Jamais il ne faut faire descendre directement du cran de l'armé à celui du repos, sans dépasser ce dernier.

CHAPITRE III.

De la destruction par les armes.

La force armée, nous l'avons dit, est une puissance de destruction, qui agit par la destruction ou par la menace de la destruction ; tel est son but final, son but suprême. Du moment qu'un homme prend une arme volontairement ou qu'il la reçoit de la loi, pour la défense de la patrie contre l'étranger ou pour le maintien de l'ordre et des lois à l'intérieur, il contracte, autant d'après les exigences de l'honneur que sous l'empire des redoutables lois de la discipline, l'engagement d'offrir son sang et sa vie pour le service du pays. Pourquoi de tous les temps et dans tous les pays la carrière des armes a-t-elle été toujours honorée, surtout dans les temps de guerre? C'est parce que le sacrifice de la vie qu'elle peut exiger, est le plus haut degré de l'abnégation humaine et laisse supposer chez l'homme, qui le fait, les noble sentiments qui commandent l'estime le respect et l'admiration.

Pourquoi les citations à l'ordre du jour des armées, les décorations, les avancements pour actions d'éclat, les titres, les richesses, les honneurs, les arcs-de-triomphe et toutes les fascinations de la gloire et de la poésie, si ce n'est, pour exciter les hommes par les plus glorieuses récompenses, à risquer leur vie dans les combats. Pourquoi enfin les lois terribles de la discipline, si ce n'est pour placer celui dont l'âme n'est pas assez vigoureusement trempée pour braver la mort, dans l'alternative, de la recevoir honorablement en combattant, ou avec honte en fuyant.

Combattre pour tuer et blesser son ennemi au risque d'être tué ou blessé par lui, tel est le drame terrible auquel aboutit toute organisation d'une force armée quelconque! d'une force décrétée justement par les lois de tous les pays, et pour le salut de tous, *sous l'empire de la nécessité!*

L'organisation et l'entretien de la force armée coûtait annuellement à la France plus de trois cent millions! Mais comment évaluait-on la valeur de la puissance de destruction obtenue par un tel sacrifice? Tant de bataillons, tant d'escadrons, tant de batteries et tant de vaisseaux! telle est la seule base dont il ait jamais été question!

A-t-on jamais entendu discuter par les dépositaires

du pouvoir, dans l'exposé des motifs de ces énormes budgets, ou par les représentants du pays, si le bataillon, l'escadron, la batterie ou le vaisseau, armés de telle ou telle manière, instruits par telle ou telle méthode, ne pourraient pas offrir une puissance de destruction beaucoup plus grande? Jamais! excepté par M. Arago, dans l'examen des principes, appliqués aux nouvelles armes.

On comprend que, lorsqu'il ne s'agit que d'imposer aux populations, et de se borner *à la menace de la destruction*, deux mille hommes fassent plus d'effet que mille, par suite de l'idée si souvent erronée, que la force est proportionnelle au nombre. Mais, pour tout homme qui a une connaissance approfondie des éléments dont se compose l'organisation militaire et du but qu'elle doit remplir, il est évident au contraire que presque toujours, c'est la *qualité* qui l'emporte sur la *quantité*.

Pour se rendre raison de l'immense avantage que la qualité des troupes peut avoir sur la quantité, il faut juger ces éléments dans le combat; et apprécier froidement la marche et l'effet matériel et moral de l'emploi des armes. C'est à peine si l'on trouve ce sujet traité méthodiquement dans quelques auteurs militaires. Soulevons donc un coin du voile brillant de la gloire qui cache aux yeux des populations les détails horribles du drame sanglant des combats, mais que l'homme de guerre doit étudier avec sang-froid, s'il veut épargner la vie de ses concitoyens, s'il veut faire payer le plus chèrement possible à l'ennemi la perte de la vie des hommes qu'il faut sacrifier, le sang qui va couler; enfin s'il veut que ce soit, non le hasard amené par un combat tumultueux, mais bien une lutte savante, combinée d'après la connaissance du cœur humain, qui décide la victoire en faveur de son pays!

Voici la règle qui doit le guider.

L'homme ne peut supporter autour de lui qu'une certaine dose de destruction, qu'on peut évaluer, pour ainsi dire, à un tant pour cent. Ce tant pour cent, peut varier considérablement suivant le courage et la force morale des troupes; de jeunes troupes lâcheront pied après une perte de quatre ou cinq pour cent, tandis que de vieux soldats aguerris en supporteront une de vingt et vingt-cinq pour cent avant que de reculer. Souvent encore de jeunes soldats qui le matin d'une bataille étaient ébranlés par une perte de quatre à cinq pour cent, en supporteront le triple et plus, une fois échauffés, exaltés par l'ardeur du combat. Quelle que soit la proportion, le moment arrive toujours, où l'effet d'une trop grande destruction matérielle abat le moral; l'art consiste à amener ce moment le plus tôt possible chez l'ennemi, et à le retarder chez les siens. *Pendant ce temps, la victoire flotte incertaine!* La connaissance du cœur humain dans ces terribles épreuves, et le nombre d'hommes frappés, sont le thermomètre que doit, à chaque instant, consulter l'homme de guerre, en se souvenant de cette maxime: ***Que c'est*** *le plus opiniâtre* qui remporte la victoire, c'est-à-dire celui qui a le courage de supporter le plus et le plus longtemps le spectacle du combat. Il faut ici relever l'erreur dans laquelle sont presque tous les hommes qui n'ont pas l'expérience de la guerre, c'est que la victoire ou la retraite de l'ennemi est le résultat immédiat de l'effet destructif amené par l'emploi des armes.

Dans l'état actuel de l'organisation des armées, l'effet destructif des armes et l'habileté à les manier sont à peu près les mêmes partout, en sorte que si la science de la guerre ne consistait qu'à tirer des coups de fusil et des coups de canon l'un sur l'autre, les combattants se trouveraient encore opposés l'un à l'autre à la fin de la journée, harassés, mutilés, mais enfin chacun sur son terrain et pouvant recommencer la lutte le lendemain. Mais ce n'est pas ainsi que les choses se passent.

L'effet destructeur obtenu par l'emploi des armes a pour but, bien moins de diminuer le nombre des combattants, que de frapper le moral de l'ennemi, de manière à pouvoir porter les coups décisifs en marchant sur lui, pour le forcer à la retraite et le mettre en fuite. Ce moment arrive plus tôt ou plus tard, suivant la combinaison infinie des circonstances, et suivant que le *tant pour cent* de destruction, que peuvent supporter les troupes, est plus ou moins élevé. C'est ce qu'on appelle alors enfoncer l'ennemi à la baïonnette, enlever la position à la baïonnette, enfoncer par une charge de cavalerie, etc. Ici encore on serait dans la plus grande erreur de prendre les choses à la lettre et de croire que les troupes se joignent toujours et se lardent à coups de baïonnette; que la cavalerie tombe sur l'infanterie et l'enfonce à coups de sabre, ces faits ne sont que de rares exceptions. En général, lorsqu'après un combat par le feu, soutenu pour ébranler le moral et diminuer par conséquent la puissance destructive des armes, on se décide à aborder l'ennemi, celui-ci réunit alors tout ce qui lui reste de force morale et matérielle pour repousser l'attaque. Si *le tant pour cent* de destruction produit par son feu sur l'assaillant est assez élevé pour le démoraliser et le faire reculer, il échappe alors à la déroute; si, au contraire, son feu n'est pas assez meurtrier pour repousser l'adversaire et que celui-ci continue sa marche, le moral de la troupe attaquée est perdu, et elle fait demi-tour avant d'être rejointe. Il en est de même des charges de cavalerie. Règle générale, ou le feu arrête la charge, ou dans le cas contraire l'infanterie lâche pied, et la cavalerie alors lui passe sur le ventre, ou pour dire plus vrai, *sur le dos.*

Pour s'expliquer les faits de guerre, que chacun peut étudier dans la relation des combats et des batailles, il est important de connaître un phénomène assez curieux que présente le tir de l'infanterie. De loin, et presque toujours de trop loin, quand le danger n'est pas très grand, le soldat tire à peu près horizontalement et droit devant lui, les balles alors n'arrivent pas ou n'arrivent que par ricochet, et le nombre de coups tirés, relativement à ceux qui portent, est prodigieux. Si, à mesure que la distance qui sépare les combattants diminue, le soldat tirait toujours de même, il est évident qu'une fois arrivés dans les limites de la bonne portée des armes, la destruction, suite d'un tir horizontal, serait épouvantable. Mais les choses ne se passent pas ainsi, à cause du cœur humain. A mesure que la distance qui sépare les combattants diminue, à mesure que le danger augmente et que la destruction s'opère, le soldat ne conserve plus le sang-froid nécessaire pour bien épauler, pour bien abattre son arme, pour la loger entre les sacs et les épaules des hommes qui sont devant lui s'il est au second ou au troisième rang ; dans son agitation fiévreuse, l'homme se presse, ne se donne pas le temps d'épauler et de bien abattre l'arme, un mouvement nerveux et convulsif le fait presser avec force sur la détente et le coup part en l'air !

Enfin, une dernière remarque est nécessaire pour pouvoir faire juger de l'ensemble des différentes phases d'un combat. Lorsque l'heure fatale a sonné, où, pour le salut de leur pays, des hommes doivent remplir le triste devoir de s'entretuer, l'humanité, autant que la science de la guerre, prescrit de détruire le plus utilement possible et non pas inutilement. Or, l'état de démoralisation qui décide de la défaite pourra souvent être amené par une perte de dix pour cent produite à propos, plutôt que par une perte beaucoup plus forte amenée sans jugement. Cette observation exige une démonstration. L'expérience personnelle de la guerre, encore assez commune en France, de même que les résultats de cette expérience consignée dans de nombreux écrits, établissent, par exemple, que dans un bataillon déployé, fusillant et fusillé de pied ferme, le désordre précurseur de la démoralisation commence ordinairement par le centre. Cet effet s'explique par cette sorte d'instinct des hommes à se presser les uns contre les autres, à se peletonner dans l'effroi que leur cause un grand danger.

Si le chef du bataillon opposé qui guette le moment d'attaquer, apercevant ce commencement de désordre, crie à ses hommes *initiés dans ces principes, et disciplinés*, de viser au drapeau, le désordre s'accroîtra rapidement; formant alors la colonne d'attaque et lançant son bataillon en avant, il renversera et mettra en fuite son ennemi.

En mettant hors de combat dix hommes au milieu d'un groupe en désordre, il aura atteint ainsi un résultat décisif qui n'eût été obtenu qu'après une perte bien plus grande de part et d'autre, en tirant à tort et à travers. Autre exemple: un bataillon déployé, fusillé par l'infanterie, broyé par la mitraille et arrivé presque au terme de la démoralisation qui précède la défaite, est attaqué par une colonne d'attaque. Le chef de bataillon juge que dans l'état moral où se trouvent ses hommes, l'effet successif d'un feu de deux rangs ne produira plus assez d'effet pour arrêter l'ennemi, et qu'il serait perdu. Il ordonne alors de ne plus tirer ; il prévient son bataillon d'attendre l'ennemi à cinquante pas, de ne tirer qu'à son commandement et de se précipiter immédiatement après, sur lui, à la baïonnette.

Le bataillon ennemi s'avance, s'attendant à voir s'ouvrir le feu de deux rangs qu'il est décidé à braver. Bientôt il s'étonne de se voir attendu de pied ferme ; il espère, il désire une décharge de loin, mais elle ne se fait pas ! Chaque seconde de retard augmente son anxiété, la marche se ralentit, les cris de guerre en avant ! en avant ! faiblissent, la colonne hésite. Alors d'une voix énergique le chef du bataillon attaqué s'écrie : à mon commandement, bataillon, joue, feu ! en avant ! Dix hommes tombent dans la tête de la colonne, qui bientôt tourbillonne sur elle-même, et l'ennemi prend la fuite !

Pourquoi ce résultat, qui n'eût pas été obtenu par l'effet d'un feu de deux rangs, peut-être beaucoup plus meurtrier ? C'est que dix hommes qui tombent à la fois, après une manœuvre, qui déjà a fait succéder la crainte à l'espérance, frappe plus le moral, que trente hommes tombant successivement tantôt sur un point, tantôt sur un autre.

Pour ne pas laisser à la critique la possibilité de traiter de théories des principes bien connus de tous les hommes de guerre instruits et expérimentés, mais qui, très malheureusement, ne sont que peu connus en général, il faut consulter l'histoire. Le caractère distinctif du soldat français est la bravoure, d'où résulte, dans l'attaque, une impétuosité, une ardeur bouillante, qui frappe l'ennemi de stupeur. L'expérience des nombreuses guerres, prouve, que très souvent, le feu de l'artillerie ayant ébranlé le moral des troupes ennemies, leur défaite a été rapidement amenée par de vigoureuses attaques d'infanterie et de cavalerie, et cela avec peu de perte d'hommes. C'est de là qu'est venue cette épithète si connue de *la furia francese.* Mais l'histoire nous apprend aussi d'autres leçons, d'autant plus importantes à méditer, que les circonstances dans lesquelles *la furia francese* joua un rôle si éclatant, ne subsistent plus au même degré. Partout les armes de l'infanterie ont été perfectionnées, partout l'instruction dans leur maniement a été améliorée, et partout a été développée ainsi une puissance de destruction beaucoup plus grande dans l'infanterie. La bravoure et l'impétuosité dans l'attaque seront toujours un grand avantage, mais le moment de l'employer sera différé et ne sera plus si fréquent. La bataille de Talavera offre un des nombreux exemples, où la valeur la plus brillante, la plus opiniâtre, est venue se briser contre le feu destructeur de l'infanterie anglaise. Profitons donc de ces leçons.

CHAPITRE IV.

Des armes.

De toutes les choses sur lesquelles s'est exercé l'esprit d'invention des hommes, il n'en est aucune peut-être qui l'ait plus occupé que la création et le perfectionnement des armes de guerre. Mais aussi quel stimulant! En arrivant au fond des choses, on est forcé de reconnaître que la puissance des nations et les plus grands bouleversements du monde, ont été amenés ou décidés par les effets des armes, et au fur et à mesure que de nouvelles inventions donnaient à un peuple ou à un autre un avantage décisif. La puissance et la gloire d'une nation mises en jeu par ces inventions, la gloire de contribuer à assurer de si grands intérêts et les récompenses qu'il est permis d'en attendre, expliquent cette excitation des esprits; mais dans ces travaux arides, combien d'appelés pour peu d'élus!

Il ne peut être question d'énumérer ici les exemples que fournit l'histoire, ni de faire une nomenclature dont peu de personnes pourraient se faire une idée ; la technologie des armes de Moritz Meyer, traduite de l'Allemand par Rieffel, pourra satisfaire la curiosité des amateurs.

Pour être utile, il suffira de se borner à faire connaître ce qui existe et les perfectionnements apportés, qui, déjà partiellement adoptés, préparent la transition vers une révolution, probablement la plus grande qui ait eu lieu encore dans l'armement des nations.

La base fondamentale de l'armement de tous les peuples est actuellement le fusil armé d'une baïonnette, servant en même temps d'arme de jet et d'arme de main. Destiné à être manié, même par des hommes de petite taille et peu robustes, son poids moyen a été fixé à neuf livres; sa longueur a dû être limitée par la taille de l'homme pour qu'il puisse charger; elle n'a pu être moindre, afin que le bout du canon puisse dépasser suffisamment le corps d'un homme placé devant un autre pour ne pas le blesser. Le poids moyen de la balle est de 18 au demi-kilogramme, et la charge de poudre, telle, que le tireur puisse encore supporter le recul qu'elle occasionne; elle était en moyenne de la moitié du poids de la balle, et depuis l'adoption du système à percussion, elle a été réduite au tiers seulement. Des différences de détail se rencontrent entre presque tous les modèles, mais quant à la puissance destructive, elle est à peu près la même. On conçoit en effet, que si un grand peuple possédait un armement dont la force destructive serait seulement d'un quart plus grande que celle de l'armement de ses voisins, l'équilibre serait rompu, et que la force des choses obligerait les autres peuples à adopter les mêmes perfectionnements. Si l'on recherche maintenant quel est l'effet destructif obtenu du fusil dans la guerre, on reste stupéfait en reconnaissant qu'il a fallu souvent dix mille cartouches pour mettre un homme hors de combat; on est saisi d'un profond étonnement en trouvant la preuve que, dans les circonstances ordinaires, cette consommation s'élève de deux à trois mille coups; enfin, qu'il est rare qu'elle descende au-dessous de mille à cinq cents coups, pour un homme mis hors de combat.

Si, pour s'expliquer des résultats aussi faibles, on cherche à en approfondir les causes, on trouve :

1° Que le tir du fusil, aux distances auxquelles se consomme la plus grande quantité de munitions, est extrêmement incertain, et offre même des déviations prodigieuses; elles ont pour causes principales la nécessité de se servir d'une balle beaucoup plus petite que le calibre, afin de tirer un assez grand nombre de coups malgré l'encrassement inévitable du canon. Les battements qui en résultent dans le canon, font partir la balle dans une direction inconnue, et cette cause, jointe aux déviations inhérentes au mouvement de la balle elle-même, une fois projetée dans l'espace, explique ces déviations;

2° Que chez toutes les nations, excepté chez les Anglais dans les dernières guerres, la plus grande ignorance régnait dans l'exercice du tir;

3° Enfin, que le trouble que l'homme éprouve dans le combat, lorsque la conscience de sa force n'existe pas pour soutenir son moral, lui enlève tout jugement, et annulle presque complétement les effets de son arme. C'est par le perfectionnement des armes, et par l'habileté dans leur maniement, qu'on peut remédier à ces graves inconvénients.

Du Fusil ou de la Carabine rayée.

Il y a plusieurs siècles, on découvrit le moyen de remédier aux déviations des balles lancées par les fusils ordinaires, et on obtint même une justesse de tir extraordinaire. Ce moyen consistait à enfoncer la balle de force, dans un canon, ayant des rayures en hélice, dans lesquelles s'engageait la balle, et qu'elle était obligée de suivre, en sortant chassée par la force de la poudre. Tout battement se trouvait ainsi supprimé, la balle sortait du canon exactement dans le prolongement de son axe, et recevant en même temps par l'hélice un mouvement de rotation perpendiculaire à sa direction, les causes de déviation se trouvaient par-là paralysées.

Ce mouvement de rotation est la cause féconde qui maintient sur sa pointe la toupie, sous le fouet de l'enfant, comme elle maintient la direction des mondes lancés dans l'immensité par la main du Créateur !

Les inconvénients de l'application de ce principe, au tir des projectiles, furent la difficulté du chargement et la diminution de la portée absolue de l'arme par suite de l'impossibilité de donner à la balle une grande vitesse initiale, sans troubler les conditions qu'exigeait la communication du mouvement de rotation. Toutefois, malgré ces inconvénients, les avantages considérables de la justesse du tir firent introduire chez plusieurs puissances l'usage de ces armes confiées à des tireurs très exercés. La force destructive des troupes ainsi armées devint prodigieuse, et ce fut à leur action que l'Amérique du Nord fut principalement redevable de son affranchissement de la domination anglaise.

Nouveau chargement des Armes rayées et emploi des projectiles cylindro-coniques.

En 1825, après dix années de service d'officier, je fus chargé de diriger spécialement les exercices du tir du régiment d'infanterie dans lequel j'avais l'honneur de servir. J'eus bientôt l'occasion de reconnaître tous les vices de notre armement et l'ignorance profonde qui régnait dans le maniement des armes. Je formai alors la résolution inébranlable de chercher à porter remède à un état de choses si fâcheux.

En 1826, j'inventai un nouveau moyen de charger les armes rayées, qui remédiait complétement à la difficulté de l'ancien chargement. Il consistait, à introduire librement la balle dans le canon et à la forcer au fond de l'arme en l'aplatissant un peu par le choc de la baguette, sur le rebord d'une chambre qui servait de point d'appui. La possibilité d'une application assez étendue de ce système était ainsi obtenue, mais restait l'inconvénient de l'infériorité de la portée, qui était inhérente au système.

En 1828, j'appliquai le même mode de chargement à un projectile cylindro-conique. Offrant à diamètre égal beaucoup plus de poids, et sa forme antérieure étant disposée pour fendre l'air, la portée de l'arme, d'inférieure qu'elle était à celle du fusil de munition, lui devint supérieure. Mais l'idée de changer l'antique forme ronde de la balle, de la disposer en cylindre surmonté d'un cône, était considérée alors comme absolument inadmissible, et toute tentative pour faire examiner la question, provoquait une répulsion violente. Etant parvenu cependant en 1830 à démontrer l'efficacité de projectiles incendiaires cylindro-coniques, je reçus l'ordre d'en faire confectionner six mille et fus attaché à la première expédition d'Afrique pour les appliquer au tir des fusils de rempart dont le commandement me fut confié pendant le siége du château de l'Empereur. Après l'expédition, tout le système fut repoussé par le comité de l'artillerie, et il fallut recommencer la lutte ! Dire les démarches faites, les expériences entreprises, les lettres et les mémoires écrits, les tribulations et les chagrins éprouvés pendant vingt-trois longues années, serait chose bien difficile ! Mais qu'importe après tout au public, les tribulations d'un pauvre inventeur, l'histoire ne dit-elle pas que c'est là le sort qui lui est réservé ? Il s'agit de présenter les résultats auxquels on est arrivé et l'application utile pour le pays.

En 1840, l'adoption de mon système de chargement donna lieu enfin à la création de dix bataillons de chasseurs à pied. Trois ans plus tard, après l'intervention d'une commission de l'Académie des sciences, dont fit partie M. Arago, commença l'étude sérieuse de la balle cylindro-conique. Après deux années d'expériences approfondies, elle fut adoptée pour un nouvel armement des chasseurs à pied, et l'artillerie elle-même, éclairée par l'expérience, s'empressa d'adopter et d'appliquer immédiatement ce système à tous ses mousquetons. Enfin, après une étude très consciencieuse, la commission de l'école de tir de Vincennes a émis récemment l'avis que la transformation du fusil d'infanterie en général, à ce même système, augmenterait considérablement sa puissance, et en conséquence elle a proposé l'armement de deux régiments avec le fusil rayé à balle cylindro-conique.

Avant de présenter succinctement les avantages de ce nouveau système d'armement, je ne puis me dispenser de dire un mot sur une question personnelle. Souvent, depuis vingt ans, j'ai été obligé de défendre mes inventions contre des prétentions rivales ou envieuses, comme il arrive à tout inventeur. Mais si je suis bien résolu à ne pas me laisser enlever, par qui que ce soit, l'honneur d'avoir rendu un véritable service à la France, d'un autre côté je serais désolé qu'on pût supposer que j'aie la prétention de m'attribuer tout le mérite de la grande révolution qui se prépare dans l'armement. Je déclare que mon mode de chargement par aplatissement de la balle a été avantageusement modifié par M. le colonel d'artillerie Thouvenin, en ce sens, qu'au lieu de forcer la balle sur l'orifice d'une chambre, on la force maintenant sur une tige d'acier, placée verticalement au fond du canon et autour de laquelle se loge la charge de poudre. L'emploi de la balle cylindro-conique exigeait de nombreuses études, qui ont été suivies pendant plusieurs années avec autant de zèle que d'habileté par M. le capitaine d'artillerie Tamisier, professeur à l'école du tir de l'infanterie, et M. le capitaine Minié, capitaine-instructeur de cette école. Par suite de ces essais, la balle, toujours cylindro-conique, évidée ou cannelée sur les côtés du cylindre, suivant la spécification d'un brevet que je possède depuis 1841, a reçu des modifications de forme, déterminées par l'expérience et par de savants calculs.

Examinons maintenant les effets du fusil rayé à balle cylindro-conique comparativement à ceux du fusil ordinaire.

Le tir du fusil d'infanterie, chargé avec une balle de 29 grammes et 8 grammes et demi de poudre, causant un recul très fatigant, n'offre que peu de chances de frapper un homme au-delà de 150 mètres. A plus de 300 mètres, il cesse de produire des effets redoutables en tirant sur des lignes de troupes; enfin, à 400 mètres, les déviations des balles deviennent très considérables.

Le tir du fusil rayé à balle cylindro-conique de 47 gr. et 4 gr. et demi de poudre seulement, n'occasionnant qu'un recul modéré, offre à 800 mètres des effets supérieurs en justesse et en pénétration à ceux que présente le fusil ordinaire à la distance de 300 mètres.

A un kilomètre, la balle cylindro-conique traverse encore trois planches en bois blanc de 22 millimètres d'épaisseur.

Quant à l'explication de ce phénomène, on la trouvera dans les discours que M. Arago a prononcés à la tribune, et qui sont recueillis dans le dernier chapitre. L'autorité si grande de sa parole, et l'énergie de la conviction avec laquelle il a constamment soutenu l'application des idées exposées dans cet écrit, ont contribué considérablement au triomphe de la vérité.

Quant au jugement à porter sur le degré de supériorité de force matérielle et morale que pourrait procurer, dans la pratique de la guerre, la substitution du nouveau fusil rayé au fusil actuel, il doit être sûrement et clairement motivé.

Il faut bien se persuader d'abord, que cette question ne peut être sainement jugée, que par des hommes ayant une grande habitude du maniement des armes, possédant de l'habileté dans le tir, sachant qu'elle est la conscience de la force qui en résulte, ayant vécu avec le soldat, et ayant pu juger par l'expérience de la guerre, de l'influence qu'exerce sur le tir l'émotion du combat, dans ses différentes phases.

Pour connaître la vérité, il ne faut tenir aucun compte de l'opinion des vieux partisans de la routine, qui dévoilent leur incapacité, en ne voulant pas admettre qu'il puisse y avoir quelque chose de mieux, que ce qui existait de leur temps.

Il ne faut pas tenir compte non plus, de l'opinion des hommes qui recevant des émoluments considérables, ont eu assez peu le sentiment de leur devoir, pour ne pas s'être donné la peine de se rendre une seule fois à Vincennes, afin d'y reconnaître les résultats obtenus, par de longs et consciencieux travaux. S'ils eussent pris cette peine ils ne se placeraient pas dans le cas, très peu convenable, de nier simplement l'existence de choses qu'ils ne connaissent pas.

Les généraux d'un mérite réel ne tranchent pas ainsi de graves questions ; et tout en y mettant de la prudence, de la sagesse, ils ne dédaignent pas l'avis consciencieux des hommes qui ont pratiqué et observé pendant de longues années au milieu des troupes.

En présence de l'immense importance de la question qu'il s'agit de résoudre, ou du moins de prendre en très sérieuse considération, voici une expérience qui pourrait être faite facilement. Qu'on choisisse cent hommes habiles tireurs et ayant l'expérience de la guerre ; qu'on leur fasse tirer vingt-cinq cartouches avec le fusil actuel, à la distance de 500 mètres, sur une cible de deux mètres carrés, placée au milieu de la butte du polygone de Vincennes. Sur ces 2,500 coups, quinze à vingt balles au plus frapperont le but, quelque bien qu'ils aient visé, et on reconnaîtra qu'un grand nombre de balles ne toucheront même pas la butte du polygone !

Qu'on remette ensuite entre les mains de ces hommes des fusils rayés, ils mettront au moins 250 balles dans la cible ; ils sauront de plus, que presque toutes les fois qu'ils ne l'auront pas touché, c'est qu'ils n'auront pas bien visé. Ces hommes déclareront certainement, que s'ils devaient lutter avec l'ancien fusil, contre de telles armes, même à nombre supérieur, ils se croiraient infailliblement perdus. Ils déclareraient certainement encore, qu'avec de pareilles armes ils lutteraient avec succès contre un ennemi trois ou quatre fois plus nombreux armé de fusils ordinaires.

Ici les sectaires de la routine ne manqueront pas de dire encore, que quand on est trois ou quatre fois plus nombreux, on ne s'amuse pas à tirailler, et qu'on court sur l'ennemi à la baïonnette. Des soldats exercés et instruits répondront, que si cette manœuvre est convenable et a toute chance de réussite, lorsqu'il s'agit de parcourir 3 à 400 mètres, sous le feu d'une arme qui ne peut être considérée que comme une machine à semer des balles, il n'en est pas de même quand il faut parcourir 800 à 1,000 mètres sous un feu bien dirigé. En admettant encore qu'un théoricien vienne à établir mathématiquement, que le nombre d'hommes frappés par les balles, durant cette course de 800 mètres, ne sera pas assez considérable pour arrêter la marche offensive de l'ennemi, des hommes pratiques répondront avec raison que ce n'est pas seulement les balles qui frappent qui empêchent d'avancer, mais bien encore celles qui sifflent de très près aux oreilles, ce qui serait le cas, étant tirées par des armes de grande justesse, habilement maniées !

Toutes les causes ci-dessus énumérées exerceront infailliblement une très grande influence sur les opérations des guerres à venir, par les raisons que voici :

La sphère d'action des armes portatives s'étendra maintenant sur une grande partie de celle qui jusqu'ici était réservée à l'artillerie (1).

(1) Les citations ci-après démontreront que cette opinion est partagée par des hommes compétents. Dans la discussion sur l'armement de Paris, à la chambre des députés, M. Arago disait, en parlant des expériences faites : « Ces résultats sont « extraordinaires ; l'arme de M. Delvigne changera complète- « ment le système de la guerre, elle en dégoûtera peut-être ; « je n'en serais pas fâché. »

M. le général Paixhans, membre du comité d'artillerie, s'exprimait ensuite ainsi : « J'appelle l'attention de la chambre « sur ce point, car il pourra en résulter quelque chose d'im- « portant pour la guerre. Je n'espère pas, ainsi que l'es- « père M. Arago, que cela ira jusqu'à dégoûter de la guerre, « mais cela ira probablement jusqu'à en changer plusieurs usages. »

Dans sa notice historique sur les progrès obtenus dans les effets des armes portatives, M. le capitaine d'artillerie Favé dit :

Page 1re. « Les progrès extraordinaires obtenus depuis quel- « ques années dans le tir des armes à feu portatives nous pa-

La portée utile du fusil de l'infanterie, au lieu de rester beaucoup en-deçà de celle de la mitraille, qui décimait ses rangs sans qu'elle pût rendre coup pour coup, s'étendra au contraire beaucoup au-delà, et à son tour, il deviendra d'une difficulté extrême pour l'artillerie de mettre en batterie à portée de mitraille. L'effet du fusil rayé sera même encore souvent utile, contre des batteries tirant à boulet, comme il sera facile de le démontrer.

Les hommes de guerre savent qu'une distance de 1,200 mètres est déjà une portée bien grande pour le canon de bataille. Or, le tir du fusil rayé étant encore redoutable à un kilomètre, sur une surface aussi considérable que celle que couvre une batterie d'artillerie, on voit donc que des tirailleurs placés à 200 mètres en avant des

« raissent devoir être étudiées sous un double point de vue, « celui de leur influence présumable sur l'avenir de la guerre, « et celui de leur rapport avec les sciences physiques et ma« thématiques. »

Page 46. « Le canon conserve sur la carabine un avantage « que nous avons déjà signalé, celui qui résulte de la possibi« lité d'observer le point de chute du boulet. Cependant il ne « faut pas se dissimuler que l'efficacité et l'importance des « bouches à feu peuvent être notablement diminuées par l'ac« croissement de portée et de justesse des armes à feu porta« tives. »

Page 47. « Néanmoins, il ne faut pas se le dissimuler, l'ar« tillerie a de grands efforts à faire pour ne pas voir diminuer « son influence sur le sort des batailles. »

lignes ou des colonnes, inquièteront sérieusement des batteries tirant à boulet.

Un avantage important est encore à signaler.

J'ai fait remarquer que dès 1830 j'avais été envoyé en mission à l'armée d'Afrique, pour y diriger l'emploi de six mille projectiles cylindro-coniques incendiaires. Ces projectiles ont été perfectionnés depuis et jusqu'aux mêmes distances que le tir ordinaire, tout coup de ces balles incendiaires, qui frappera dans un caisson, le fera infailliblement sauter.

Qu'on juge donc des immenses difficultés qui attendent le service de l'artillerie, non-seulement sur les champs de bataille, mais dans les marches en pays couverts, dans les montagnes et dans les défilés !

Une objection pourrait encore être faite, la voici.

En admettant, dira-t-on, comme incontestables, tous les résultats constatés par l'emploi de la balle cylindro-conique, les épreuves n'ont pas été faites sur une assez grande échelle, pour pouvoir adopter ce système pour la généralité des armes ou pour une grande partie, puisqu'on peut craindre que la pratique de la guerre fasse découvrir quelque vice resté caché jusqu'ici. Cette objection spécieuse est de peu de valeur, par une raison péremptoire que voici.

En admettant que des inconvénients vinssent à se révéler dans l'emploi du nouveau projectile, on se servirait alors des anciennes munitions pour le fusil rayé, avec plus d'avantage même, qu'avec les fusils ordinaires (1).

La conclusion de tout ceci, c'est que l'infanterie pouvant, dans mille circonstances, par l'augmentation de puissance développée en elle, se passer de l'appui matériel et moral de l'artillerie, l'armée sera plus libre de ses mouvements.

Par conséquent la force des choses, ferait arriver ainsi, par la mobilité, au système de guerre le plus en rapport avec les qualités physiques et morales du soldat français.

Quels regrets profonds n'éprouve pas toute la France, quand elle songe que des avis d'hommes présomptueux ou peu éclairés, privèrent le génie de Napoléon du puissant secours que lui eût offert l'invention de Fulton, la navigation à vapeur !

Que cette leçon ne soit donc pas perdue, et que les dépositaires du pouvoir réfléchissent à la responsabilité qui pèserait sur eux, si dans les circonstances graves

(1) Le moyen le plus simple et le plus sage, d'employer et d'étudier le fusil rayé sans rien compromettre, serait d'en armer les dix ou douze meilleurs tireurs de chaque compagnie. Le service de l'arme étant assuré par les cartouches ordinaires, les munitions spéciales pourraient sans difficulté être confectionnées par les tireurs eux-mêmes. Rien n'empêcherait d'ailleurs que l'artillerie eût des approvisionnements de ces cartouches spéciales, pour l'infanterie, puisqu'elle-même a adopté ce système pour tous ses mousquetons.

où se trouve la France, ils négligeaient de tirer parti d'un nouveau et puissant élément de force! Il ne s'agit pas ici d'une de ces applications dont l'utilité est encore voilée et douteuse comme l'était l'invention de Fulton.

Dans le cas dont il s'agit, non-seulement la science, la théorie, la pratique ont, après une longue lutte, un long examen, constaté des résultats étonnants et imprévus, mais les hommes les plus compétents, devançant déjà l'application, prédisent les changements notables, que le nouveau système d'armement apportera dans l'art de la guerre.

La part qui m'appartient dans ces améliorations importantes, non-seulement m'autorisait, je pense, à traiter cette question, mais ma conscience me dit que c'est un devoir rigoureux, de faire tous mes efforts pour continuer à rappeler sur cette grave affaire, l'attention du pouvoir et du pays entier!

Une dernière citation, extraite du remarquable ouvrage du général Lamarque sur l'esprit militaire fera ressortir encore l'avantage du système proposé.

« *In pedite robur*, a dit Tacite, en parlant des Germains.
« Nous pouvons le dire aujourd'hui de toutes les armées,
« et surtout de la nôtre. En vain veut-on nous rassurer
« en nous montrant les trente-cinq mille hommes de ca-
« valerie et les trente et un mille chevaux prêts à entrer
« en campagne ; en nous faisant voir dix-sept mille de
« ces intrépides canonniers que rendent si recomman-

« dables, et leur instruction, et leur discipline, je ne « cesserai de le dire : ***In pedite robur.*** C'est l'infan- « terie qui fait la vraie force : c'est l'infanterie dont « partout et toujours il faut s'occuper. Elle peut suppléer « à tout, et rien ne peut la remplacer ; c'est avec l'in- « fanterie que Gustave Adolphe immortalisa le nom « suédois ; c'est en perfectionnant son infanterie que « Pierre Ier triompha de son redoutable rival. C'est pour « l'avoir négligée que la Pologne a cessé d'être une na- « tion. Quand, sous les coups du grand Condé, périrent « dans les plaines de Lens ces vieilles et intrépides ban- « des qu'avaient formées les Farnèse et les Doria, ces « bandes dont Henri IV avait dit devant Amiens : *Avec « cette infanterie je défierais l'univers*, l'Espagne vit « disparaître pour toujours l'époque de sa gloire !

« Mais qu'est-il besoin de citer des exemples anciens ? « Qu'on se rappelle ce qu'était notre infanterie en sortant « des camps de Bruges et de Boulogne, et que l'on « compare les batailles d'Austerlitz et de Wagram ; « d'Austerlitz, où nos fantassins, froids, intrépides ma- « nœuvriers, pouvaient aussi défier l'univers ; de Wa- « gram, où leur inexpérience avait besoin de l'appui de « tant d'artillerie, de tant de cavalerie ! Ils vainquirent « aussi, mais ne fallut-il pas tout le génie de celui qui commandait.

Et cette infanterie n'était pourvue que d'une machine à semer des balles jusqu'à cinq cents mètres ! Qu'on se la figure maintenant armée d'un fusil ayant le double de la portée de la mitraille, permettant d'attaquer l'artillerie tirant à boulet, et répandant au milieu d'elle la mort et l'incendie !

CHAPITRE V.

Expériences sur le tir des bouches à feu rayées, à projectiles cylindro-coniques incendiaires.

Une fois qu'un principe est démontré et reconnu, ses différentes applications, en grand ou en petit ne sont plus qu'une question de temps et de recherches. Il devait donc tomber sous le sens, de chercher à employer les projectiles allongés dans le tir du canon; mais cette idée, si simple au premier abord, rencontrait de grands obstacles dans l'application. Mon mode de chargement qui a conduit à la solution du problème, pour les armes portatives, en forçant au fond du canon une balle de plomb introduite librement par la bouche, devenait impossible avec le canon. Lors même que le boulet eût été en plomb, le plus vigoureux refoulement n'aurait pu faire obtenir sa dilatation. Il fallait donc trouver d'autres moyens. Ayant été assez heureux pour les imaginer, j'abordai la question de l'application de ce système, auprès des généraux de d'artillerie de terre. Je fus reçu à peu près comme un fou ; on nia la possibilité de forcer le boulet au fond de l'arme et en admettant, disait-on, que j'eusse trouvé ce moyen, les corps que je pourrais employer, dans le but de forcer le boulet, pour l'obliger à suivre la rayure, seraient brisés, broyés ou fondus par la violence extrême de l'explosion de la charge d'un canon, qui, me disait-on, avec affectation, était autre chose que l'explosion d'une petite charge de carabine !

Après cet accueil, je fus forcé de renoncer à ma proposition, mais bientôt après, l'expérience me donna raison, et jamais affirmation ne reçut, en tous points, un démenti plus positif!

Ce fut précisément la force de l'explosion de la charge, qu'on m'opposait comme un obstacle invincible, qui m'a servi pour forcer le projectile, et quant aux moyens, aux corps que j'employais pour obliger le boulet à recevoir le mouvement de rotation, et qui devaient, disait-on, être brisés, broyés ou fondus sans produire de résultat, ce furent..... de petites éclisses en bois, qui en grande partie, ne furent ni broyées ni brûlées, ni souvent même brisées. Quant aux résultats obtenus, je ne pense pas qu'on puisse citer aucun exemple antérieur de plus grands résultats obtenus, avec la faiblesse des moyens employés. Avec une petite caronade en fonte modèle de douze, forée au calibre de six, j'obtins avec un projectile cylindro-conique incendiaire, du poids de cinq kilos, et une charge de cinq cents grammes de poudre seulement, des portées de près de deux mille sept cents mètres et une grande justesse de tir!

Ce fut d'après les ordres de M. le ministre de la marine, auquel je m'étais adressé après avoir été repoussé par l'artillerie de terre, que ces expériences furent faites, il y a bientôt trois ans. D'après ces résultats, j'obtins la continuation des expériences avec un canon de trente.

Les chefs de service de la marine, sachant bien qu'une augmentation d'épaisseur de métal serait nécessaire, m'engagèrent à demander la fonte d'une pièce spéciale. Cette offre, tout-à-fait dans mes intérêts, je la refusai dans l'intérêt du service. Je représentai qu'en fait d'artillerie, des inventions nouvelles devaient être étudiées avec le minimum de résistance des armes. Que si j'acceptais la proposition qui m'était faite, la grande résistance d'une pièce d'épreuve spéciale pourrait tenir caché quelque vice inhérent à l'emploi des projectiles allongés, qui plus tard, pourrait se révéler au grand préjudice du pays. Je représentai que lorsqu'on aurait étudié sur des pièces faibles, les efforts exercés par l'emploi d'un nouveau système de chargement et de projectiles d'une forme toute particulière, il serait facile de fixer la résistance à donner aux pièces. Cette condition si importante d'une grande résistance serait d'autant plus facile à obtenir que d'un côté la diminution considérable de calibre à poids égal du projectile (un canon de douze pourra tirer un projectile allongé de trente) de l'autre un très grand raccourcissement de la pièce, en tout point favorable, fera obtenir, à poids égal de métal, une augmentation considérable dans l'épaisseur du métal, par conséquent dans sa résistance. Ces raisons furent accueillies, et une pièce de trente ordinaire fut rayée.

On n'a pas besoin d'être artilleur pour comprendre que quand une pièce en fonte a été affaiblie par la rayure pratiquée dans l'âme, quand à un boulet du poids de son calibre on substitue un projectile allongé de deux fois, trois fois le poids du premier, une pièce ordinaire ne peut résister longtemps. Quand on songe ensuite que le moyen que je prends pour forcer le projectile est l'effort même si prodigieux de la poudre, par une application toute nouvelle dont l'expérience seule peut faire modérer convenablement l'action, on comprendra mieux encore que des ruptures de pièces peuvent avoir lieu très naturellement. Sous ce rapport, l'expérience a même prouvé que j'avais eu raison de demander l'épreuve avec des pièces faibles, car des causes imprévues les ont fait éclater plus tôt qu'on ne l'aurait cru, et ces causes n'eussent probablement pas été connues si j'eusse accepté la proposition qui m'avait été faite de faire couler des pièces de grande résistance.

Mais sait-on ce qui m'est arrivé? Tandis que j'avais pour moi les vœux, les sympathies de toute la marine, tandis que les hommes de mérite et [de progrès comprenaient la valeur des raisons que j'ai exposées et me savaient gré de ma loyauté, l'esprit de corporation, avec sa vieille devise : nul n'aura d'esprit que nous et nos amis, s'écriait avec joie, en étouffant mes protestations : Les pièces éclatent! les pièces éclatent! elles éclateront toujours! Depuis cette époque et pour remédier aux inconvénients reconnus, j'ai fait d'autres inventions en artillerie, qui par l'appui du ministre de la marine, ont donné lieu à de grandes expériences et à des résultats inconnus jusqu'à ce jour. Mais comme au milieu des avantages bien reconnus, se sont trouvés des inconvénients auxquels il sera, je crois, très-facile de remédier, on a conclu à ne pas pousser plus loin les essais, et l'affaire si importante des canons rayés en est restée là (1)!

De même que dans ma longue lutte pour les armes portatives, j'ai retrouvé les mêmes obstacles.

Mais les temps sont changés! Tel qui sous un gouvernement pour lequel l'intérêt du pays n'était que très secondaire, suivait sans danger cet exemple et foulait aux pieds ce même intérêt sous l'instigation de sentiments

(1) En présence de l'augmentation considérable de puissance que ce système assurrait à la marine, ce ne serait pas trop d'un Lavallière, d'un Gribeauval ou d'un Valée, pour mener les choses à bien. Dans la pénurie où l'on se trouve, mieux vaudrait encore un homme qui, ayant le désir du bien, appellerait les esprits éclairés à étudier ces questions, qu'une de ces demi-capacités, portant avec obstination la vieille devise : « Nul n'aura d'esprit que nous ou nos amis. »

peu élevés, se gardera d'être si dédaigneux, lorsqu'une immense acclamation qui retentit en France, suite d'une juste réaction de l'honneur, peut se traduire par ces mots : RESPECT AUX INTÉRÊTS DE LA CHOSE PUBLIQUE (1) !

Je vais exposer les raisons graves qui doivent motiver l'étude approfondie du tir des projectiles cylindro-coniques incendiaires, par des bouches à feu rayées.

Dans l'exposé du nouveau système d'armement de l'infanterie, j'ai réfuté, avec l'appui de l'opinion de M. le maréchal Soult, l'argument, que si les autres puissances adoptaient le même armement, l'équilibre des forces serait rétabli. J'ai démontré que la mobilité de la puissance de destruction, facilitant l'application du premier

(1) Une commission essayait dans le tir du canon un moyen nouveau que j'avais proposé pour mieux apprécier les effets de la poudre. Pendant trois coups de suite, le résultat avait répondu à mon attente ; au quatrième, une anomalie s'étant présentée et l'effet ayant été contraire, un de mes juges s'écria tout haut : « *C'est bien fait !* » Un autre de mes juges, à propos des épreuves ordonnées par le ministre sur mon moyen de sauvetage exposé au chapitre VI, eut la gracieuseté de me dire : « La commission à autre chose à faire, Monsieur, que de tirer « un morceau de bois au bout d'une ficelle ! »

J'en appelle à tout homme de bien ; est-il possible que les intérêts de la chose publique puissent être sauvegardés, lorsque de tels sentiments animent des membres d'une commission. Quand pendant de longues années la patience et la modération n'ont servi à rien, un homme de cœur doit avoir l'énergie d'imposer à de tels hommes, au nom sacré de l'intérêt du pays !

principe de l'art de la guerre, qui est d'attaquer le point le plus faible de l'ennemi par des forces supérieures, l'aptitude à la marche et l'impétuosité dans l'attaque, qui convient si bien à celui qui marche le mieux, appartenait plus particulièrement au peuple français.

En ce qui concerne l'application des mêmes principes d'artillerie aux bouches à feu, l'avantage restera incontestablement de notre côté, pour le but le plus important à remplir, et cela par des raisons d'une vérité éternelle.

La conscience des véritables intérêts du pays a fait éclater l'opinion publique de telle manière, que le gouvernement déchu avait été forcé de s'occuper, plus qu'il ne le voulait lui-même, du développement de la puissance maritime de la France. Les motifs impérieux qui l'exigent sont inutiles à exposer ici, mais il importe de faire remarquer, que la première chose à faire, pour entrer dans cette carrière, est de pouvoir efficacement défendre les côtes et les établissements maritimes de la France.

Dans l'état actuel des choses les moyens d'agression et de défense peuvent se balancer souvent, mais il ne faut pas perdre de vue que la mobilité des navires, surtout avec l'aide de la vapeur, peut faire réunir rapidement et inopinément sur un point, des moyens d'attaque redoutables et hors de toute proportion avec les moyens de défense.

Il faut donc, à tout prix, donner à ceux-ci le maximum de puissance possible, afin de résister par la qualité à la quantité.

Les moyens que vous prendrez, dira-t-on, l'ennemi les prendra ; de part et d'autre on tirera alors de plus loin, avec plus de justesse, et voilà tout, le résultat sera le même.

Non, mille fois non, il n'en sera pas ainsi, et je vais le prouver !

A de rares exceptions près, l'éternel mouvement de l'océan ne permettra jamais à un navire balancé sur les vagues de tirer avec une justesse suffisante, au-delà d'une distance de quinze cents à deux mille mètres !

Eût-il des canons portant à deux lieues, à quoi cela lui servirait-il, puisqu'il ne pourrait que semer quelques boulets. Mais en est-il de même d'une batterie de côte, où le canon est immobile, où l'on peut pointer avec la plus grande précision, où des moyens mathématiques peuvent être pris pour connaître assez exactement la distance à laquelle se trouve le vaisseau ennemi, et par conséquent l'angle de tir à donner? Evidemment, trouverait-on le moyen de lancer un projectile à deux lieues, qu'on pourrait employer ce moyen, utilement, pour la défense des côtes.

A ceux qui feraient observer qu'à bord d'un vaisseau on ne s'inquiète guère de cinq à six boulets reçus de loin dans sa coque, on peut répondre que l'observation est juste, s'il s'agit de boulets pleins, mais qu'elle est complètement erronée s'il s'agit de projectiles creux et incendiaires.

L'expérience a prouvé qu'un projectile creux lancé par un canon-obusier de 80 et qui éclate dans le bordage d'un vaisseau, fait souvent dans ses flancs une ouverture d'un mètre carré !

En bornant la portée à obtenir à une distance de quatre mille mètres, on voit dans quelle position d'infériorité se trouveraient les vaisseaux exposés pendant un espace de deux mille cinq cents mètres, à des coups dangereux qu'il ne pourrait rendre, et recevant, une fois arrivés à distance de combat, de nombreux projectiles, dont un seul, arrivé à la ligne de flottaison, peut amener un péril imminent !

Et si l'on se récriait sur cette distance de quatre mille mètres, je répondrais : qu'ayant obtenu d'une faible caronade du calibre de six, pesant *quatre cents kilos*, une portée de deux mille sept cents mètres, jointe à une grande justesse de tir, il ne doit pas être difficile d'obte-

Les officiers de marine, qui savent les obstacles considérables que le poids de l'artillerie oppose au développement de la marine à vapeur, jugeront des avantages immenses d'un matériel, qui avec un poids de moitié, assurerait cependant, un effet supérieur à celui de l'artillerie actuelle. Il ne sagit pas d'adopter, mais bien *d'étudier, de chercher activement* pour procéder le plutôt possible, à une application, à un essai partiel et prudent.

nir, avec une pièce de *trois mille et quelques kilos* (poids du canon de trente) une augmentation de portée de *treize cents mètres*.

Quant à l'effet de l'explosion du projectile, voici par quel moyen bien simple il est obtenu :

Tous les projectiles cylindro-coniques sont creux et remplis de poudre et de compositions incendiaires.

Dans la partie antérieure du cône est placée une capsule fulminante. Le projectile, par suite du mouvement de rotation communiqué par la rayure, marchant toujours comme une flèche, la pointe en avant, à l'instant où celle-ci rencontre le but, la capsule prend feu, et le projectile éclate *en pénétrant profondément dans le bordage*.

Il est évident qu'un projectile allongé offre beaucoup plus de capacité pour contenir des matières incendiaires et que sa pénétration est plus grande, puisque avec plus de masse, il présente cependant beaucoup moins de diamètre que les projectiles sphériques.

On remarquera encore, que la capsule fulminante ne se fixant sur le projectile que lorsqu'il est placé dans la bouche du canon, bien des causes d'explosion accidentelles, et bien des inquiétudes à bord, disparaissent par là.

L'importance d'étudier sérieusement l'application de ce système pour l'artillerie de marine et celle des côtes est évidente et il est permis d'espérer que M. le ministre de la marine, maintenant qu'il est au pouvoir, sera disposé à faire ce qu'il recommandait depuis si longtemps lorsqu'il était député.

Néanmoins, comme la responsabilité du pouvoir et l'influence des bureaux paralysent souvent les meilleures intentions des ministres, j'ai pensé qu'il pourrait être utile de gagner à ma cause l'opinion publique, en faisant connaître par quels moyens simples et économiques on pourrait arriver à éclairer davantage la question.

La confection d'une pièce spéciale en fonte exigerait des études, du temps et coûterait assez cher à cause des moules à établir; en outre, de longues discussions pourraient s'élever sur les inconvénients présumés de la fonte pour des bouches à feu rayées.

Je proposerai donc un autre moyen.

Il s'agirait de faire fondre un obusier de siége en bronze, du modèle ordinaire, mais qui au lieu d'être foré à 22 centimètres (calibre de 80), ne serait foré qu'à 16 centimètres (calibre de 30). Cette augmentation de trois centimètres dans l'épaisseur du métal, pour un calibre réduit à celui de 30, au lieu de 80, permettrait de rayer sans aucun inconvénient, et l'augmentation de poids résultant d'une plus grande épaisseur de métal, permettra d'augmenter la charge. La bouche à feu serait rayée au moyen des dispositions déjà existantes dans le port de Lorient, et une vingtaine de projectiles suffiraient pour les essais, puisqu'ils se retrouvent presque tous sur la plage de Gavres, et servent aussitôt après. Dans le cas où l'essai ne réussirait pas, l'âme de l'obusier serait allésé à 22 centimètres pour le mettre en état de service, et la dépense occasionnée serait très-minime.

Si l'essai réussit, comme j'en ai la conviction profonde, l'immense importance de la question motivera alors les dépenses nécessaires pour l'étude de pièces en fonte de fer, ou l'adoption de pièces en bronze.

CHAPITRE VI.

De la construction et de l'emploi d'un projectile de sauvetage dit le PORTE-AMARRE.

Une des idées qui occupe l'esprit humain dans ses aspirations vers un avenir meilleur, est l'espérance de voir cesser la guerre parmi les hommes! Espérons qu'il en sera ainsi, non-seulement pour la guerre régulière entre nations, mais encore pour l'organisation d'une force armée considérable, obtenue par l'emploi des armes, sans lesquelles, d'après la nature humaine depuis Caïn, les honnêtes gens seraient complètement à la merci des brigands et des scélérats. En attendant, l'armement général de tous les citoyens prouve que l'âge d'or n'est pas encore venu. Je conserve donc la confiance d'avoir rendu quelques services en consacrant tous mes efforts à perfectionner les armes, et à augmenter ainsi la puissance nationale. Ma conscience ne me reproche même pas de m'être occupé d'améliorer ces moyens de destruction, puisque l'expérience de tous les temps a démontré que le perfectionnement des armes fait épargner la vie des hommes.

D'ailleurs, SAINTES SONT LES ARMES, quand elles soutiennent et défendent parmi les hommes, la justice et la vérité!

Quoi qu'il en soit, je déclare aux philanthropes, qui pourraient me supposer la bosse de la destruction, qu'un des plus beaux jours de mon existence a été celui où j'ai imaginé un moyen certain de sauver la vie à un grand nombre d'hommes sur la surface du globe, par l'emploi de la poudre et du canon, pour lancer un projectile de sauvetage. Si j'ai péché pour avoir perfectionné les armes, que cette œuvre de conservation soit reçue en expiation.

L'idée de faire servir le canon à lancer un cordage à un navire naufragé, n'est pas nouvelle; mais le moyen nouveau que j'ai imaginé est de beaucoup préférable à tous ceux employés jusqu'à ce jour.

L'invention est très simple, elle consiste en un cylindre en bois qui renferme en lui-même une bobine de cordage roulé avec soin, et qui se dévide par une ouverture faite dans le fond de l'appareil. Ce projectile est placé dans un mortier ou un canon court; le bout de la ligne, ressortant par la bouche, est attaché sur le terrain. Quand le porte-amarre est lancé par la poudre, la ligne se développe en l'air avec une grande facilité, et le cylindre formant une petite bouée flottante, va porter l'autre bout du cordage fixé dans son intérieur, au point où il s'agit de porter secours.

Vingt mois se sont écoulés depuis que j'ai présenté ce système au ministère de la marine. Toutes les expériences qui ont eu lieu ont réussi. Au Havre, entre autres, trois longues séances ont été consacrées à l'épreuve du tir de mon porte-amarre, sous les yeux d'une réunion de plusieurs commissions. Une commission de la chambre de commerce, une commission déléguée par messieurs les capitaines au long cours, messieurs les colonels directeurs de l'artillerie et du génie, le commandant du bâtiment stationnaire de l'État, tous ont émis un avis unanime, et cependant le système n'est encore ni adopté, ni appliqué. Pourquoi? Parce qu'une seule personne, dont dépend la présentation d'une proposition d'adoption au ministre, pense qu'il faut attendre une épreuve faite dans la tempête!

C'est en vain que plusieurs gouverneurs des colonies demandent depuis longtemps un moyen d'établir une communication, non-seulement pour le cas de tempête et de naufrage, mais même en temps ordinaire, pour franchir des barres et des brisans, et faciliter ainsi le commerce. C'est en vain qu'un préfet maritime qui a fait faire les épreuves, a demandé à utiliser immédiatement le système dans ce but! Il est possible cependant qu'un assez grand nombre d'hommes qui se sont noyés, auraient pu être sauvés par l'application de mon invention!

En attendant, comme à défaut de l'organisation de ce service de sauvetage par le gouvernement, des marins ou des habitants des côtes de la mer, pourraient trouver l'occasion d'en faire un noble usage, j'ai pensé qu'il pourrait être utile de donner une description détaillée de la construction et de l'emploi de mon porte-amarre.

Il serait difficile d'imaginer, je pense, entre les peuples, dont les navires se croisent sur les mers les plus lointaines, un symbole de confraternité plus touchant que la transformation de la poudre et du canon en moyens de sauvetage, pour enlacer, par des liens de salut, de malheureux naufragés.

NOTE

sur la construction et l'emploi d'un projectile de sauvetage nommé le PORTE-AMARRE.

L'avantage qu'il y aurait à pouvoir lancer une corde à distance convenable pour porter secours à un navire en péril ou à des hommes en danger de se noyer, a fait faire, par les marines de différents pays, de nombreuses recherches. On a essayé principalement d'entraîner un cordage par le tir d'un projectile qui y était attaché, mais ce moyen n'a que rarement réussi, parce que la vitesse qu'il était nécessaire d'imprimer à ce projectile, faisait rompre la corde, ou bien la grande résistance qu'opposait à tous deux l'air ou la violence du vent, empêchait d'atteindre une distance suffisante. Le tir d'une bombe de la terre sur un navire, n'était d'ailleurs pas sans danger pour l'équipage et pour le bâtiment, et si à la mer le but est manqué, le cordage est entraîné au fond de l'eau et, dès lors, le coup est perdu.

Pour résoudre le problème, j'ai imaginé un ***projectile de sauvetage***, que j'ai nommé le ***Porte-Amarre***.

Ce projectile, composé d'une ligne ou corde, en chanvre ou autre matière, roulée en bobine allongée et d'une enveloppe cylindro-conique en bois, tôle ou tissu, se lance, avec ou sans mouvement de rotation, au moyen d'une bouche à feu ordinaire ou rayée. On se sert de préférence d'une caronade, d'un mortier ou d'un obusier court. La bobine placée dans le cylindre se dévide alors en l'air avec une grande facilité, par une ouverture réservée à la partie postérieure du cylindre creux. Celui-ci vidé et formant une petite bouée flottante, s'il tombe à l'eau, va porter au loin le bout du cordage fixé dans son intérieur et dont l'autre extrémité reste attachée près de la bouche à feu. Une fois la communication établie, soit de navire à navire, soit d'un navire à la terre, soit enfin de la terre au navire, on s'en sert pour amener un cordage plus ou moins fort, selon le besoin; le cordeau de l'appareil est déjà assez fort pour tirer plusieurs hommes de l'eau. Il est à remarquer que dans le cas où la distance à laquelle il s'agit de jeter le porte-amarre est trop grande pour pouvoir y atteindre, une embarcation portant une bouche à feu légère, pourra souvent servir de point intermédiaire pour établir la communication. Le cylindre contenant le cordage est en bois creusé ou formé de douves, comme un tonneau, et entouré de quelques cercles en cuivre ou fer. Le fond rapporté, ayant au centre une ouverture de trois centimètres de diamètre pour le passage de la corde, est solidement réuni et fixé au cylindre. Le couvercle, de forme conique, est mobile, pour laisser introduire la bobine, et se fixe ensuite par des vis ou par tout autre moyen.

Formé du cordage même qui doit servir à établir une communication du point où il est lancé à celui où il doit aller porter secours, le *Porte-amarre* offre ainsi la masse nécessaire pour pouvoir être projeté à une assez grande distance. De là, ainsi que de la forme très allongée du projectile, résulte qu'avec une vitesse modérée, *qui ne fait plus rompre la corde*, on obtient cependant plus de portée que par la bombe à laquelle il fallait communiquer une assez grande vitesse, pour transporter sa propre masse, pour entraîner à sa suite le poids du cordage, et surtout pour pouvoir vaincre la grande résistance qu'opposait la violence du vent à ce long cordage déployé dans l'espace. La ligne qui se dévide dans la course du porte-amarre, ne retarde presque pas sa marche. Diminuant de poids à mesure qu'il avance, l'appareil arrive au but avec une vitesse modérée et trop peu de masse pour pouvoir causer du dommage. Quant à l'influence d'un vent venant de côté que l'on supposait devoir causer de très grandes déviations, l'expérience a prouvé qu'il en est autrement, par suite d'un phénomène assez curieux que voici. Par un grand vent venant de côté, la ligne, à mesure qu'elle se dévide, est sans nul doute emportée au loin, mais au lieu d'entraîner aussi le porte-amarre, la pression qu'elle exerce à la partie postérieure du cylindre du côté opposé à celui d'où vient le vent, fait tourner en sens contraire la pointe du projectile, et le fait piquer au vent. Il s'établit ainsi une sorte de dérivation, qui fait compensation à la déviation sous le vent, et le porte-amarre arrive, avec une justesse remarquable, plutôt au vent que sous le vent.

Dans les expériences faites au port de Lorient, par ordre de monsieur le ministre de la marine, la portée moyenne du porte-amarre tiré par le mortier de 15 centimètres (calibre de 24), a été de 250 mètres, sous l'angle de 25°; le poids de l'appareil était de 7 kilos et demi et la charge de poudre de 160 grammes. Avec la caronade de 30, la portée a été de 320 mètres, sous un angle de tir de 14°, et de 385 mètres sous l'angle de 19°. Le poids du porte-amarre était de 10 kilogrammes, et la charge de poudre de 250 grammes.

Pour former et disposer d'avance les bobines, prêtes à être employées au moment du besoin, on prend les moyens suivants :

Le cordage se roule sur un cylindre en bois, monté sur deux axes, comme un dévidoir, et muni d'une manivelle. Le diamètre de ce cylindre, qui est de trois à quatre centimètres, pour un cordage de 16 millimètres de circonférence, doit être de deux à trois millimètres moins fort, du côté du fond de la bobine, afin de pouvoir l'enlever facilement. On applique d'abord le long de ce cylindre quatre petites cordes, logées dans autant de rainures longitudinales, et qui sont maintenues dans un état de tension par deux ligatures circulaires; leurs bouts sont rassemblés et arrêtés pour ne pas gêner la formation de la bobine. Après avoir fixé au cylindre le bout du cordage, du côté où il doit se dévider, on l'enroule par-dessus les petites cordes sur une longueur égale à celle que doit avoir la bobine, sans trop serrer ce premier tour; on revient ensuite en arrière sur la couche roulée, puis en avant et ainsi de suite jusqu'au nombre de couches formant le diamètre voulu. A chaque nouvelle couche, le premier tour de corde est un peu reculé, de sorte que les deux extrémités de la bobine se terminent en cône. Lorsque celle-ci est achevée, on réunit et attache vers son extrémité *antérieure*, les deux bouts de chaque petite corde en les tendant fortement; en sorte que ce cylindre creux de cordage, formé de circonvolutions simplement superposées, se trouve contenu par ces quatre ligatures longitudinales; on peut alors retirer la bobine et la garder ainsi préparée jusqu'au moment de s'en servir. Le nombre de couches de cordage doit toujours être impair, afin qu'une de ses extrémités se trouvant du côté où il se dévide, l'autre aboutisse à la partie antérieure du porte-amarre dans laquelle il doit être attaché. Il est important de combiner le diamètre intérieur de l'enveloppe, la grosseur du cordage et le diamètre du cylindre qui sert à rouler, de manière qu'avec un nombre de couches impair, la bobine trouve exactement sa place, sans aucun ballottement, ni dans le sens latéral, ni dans le sens longitudinal. Pour mieux assurer cette condition, on laisse à l'intérieur du cylindre creux, de même que sur le cylindre à rouler, deux à trois millimètres de plus de diamètre vers le cône qu'au fond.

Quand on place la bobine dans le cylindre, on fait passer une extrémité de la ligne par l'ouverture par laquelle elle se développe, et on attache l'autre bout dans le couvercle, que l'on ferme après avoir eu grand soin de couper et de retirer les petits liens qui contenaient la bobine.

A l'extrémité de la ligne qui dépasse par l'ouverture du porte-amarre, est attaché un fil de cuivre ou de fer de trois millimètres de diamètre à peu près, et qui se reployant le long de l'âme jusqu'à la bouche du canon ou mortier, sert à préserver le cordage de l'action des gaz enflammés de la poudre. A l'autre bout de ce fil métallique est attachée une autre ligne servant à fournir aux premiers moments de la course du projectile, ou à compléter au besoin l'étendue de sa portée. Le meilleur moyen de disposer cette ligne, qui reste attachée près de la bouche à feu est de la rouler aussi en bobine, renfermée dans un cylindre ou une enveloppe quelconque. Pour éviter que la bobine de réserve se dévide avant celle qui est lancée, on dévide quinze à vingt mètres de ligne, qu'on arrête par un piquet. Ce piquet ne doit pas offrir une trop grande résistance à la traction de la corde du porte-amarre, afin que si celle-ci venait à éprouver quelque difficulté à se développer, il puisse être enlevé par elle, pour laisser défiler alors la bobine de réserve. Un sabot en bois ayant un petit rebord qui recouvre le fond de l'appareil, est interposé entre celui-ci et la charge de poudre, pour empêcher les gaz enflammés de pénétrer dans l'intérieur.

La charge de poudre doit être calculée de manière à ne communiquer qu'une vitesse modérée; on peut l'estimer d'un trentième à un quarantième du poids du porte-amarre. Le système est applicable aux plus gros calibres comme aux petits. Suivant le besoin, on peut fixer à la partie antérieure de ce projectile des grapins ou crochets de fer pour qu'il reste attaché au but sur lequel il est lancé; ceci est surtout important lorsqu'on tire d'un navire sur la terre. L'expérience apprendra bientôt la manière de diriger le projectile pour que, s'il manque le but, il vienne flotter le plus près possible pour donner la facilité de le saisir.

Le même système est applicable en toute autre circonstance où il s'agit d'établir une communication avec un point inabordable, comme pour lancer un cordage de secours au haut d'un édifice incendié, ou en cas d'inondation.

EXTRAIT

d'un rapport adressé à M. le ministre de la marine sur les épreuves faites au Hâvre, sur l'emploi du porte-amarre

Ces expériences ont démontré :

« Que le projectile porte-amarre, inventé par M. Del-
« vigne, est appelé à rendre les plus grands services à
« l'humanité, aux arts de la guerre et de la navigation.

« Son application est essentiellement pratique, puis-
« qu'en quelques heures les hommes de l'équipage le
« *Rôdeur* sont parvenus à enrouler les bobines et à se
« servir du porte-amarre avec autant de succès que l'in-
« venteur lui-même.

« Cette application est peu coûteuse, puisque le porte-
« amarre du calibre de douze revient à environ 20 fr.,
« et qu'il peut servir plusieurs fois. La consommation
« de poudre n'est que de quatre-vingts à cent grammes
« par coup.

« Le porte-amarre peut-être employé à établir des « communications dans une foule de circonstances :

« Entre la terre et un navire naufragé ;

« Entre une escadre et une armée à terre, pour trans-« mettre des dépêches pressées, de gros temps ou sur « des plages sur lesquelles règnent des barres ;

« Entre deux navires à la mer, de gros temps, pour « transmettre des dépêches, donner une remorque, etc.;

« Pour sauver des embarcations ou des hommes à la « mer, etc. »

CHAPITRE VII.

Discours de M. ARAGO, à la chambre des députés, sur le système d'armement de M. Delvigne.

Séance du 27 juin 1839.

M. Arago. — Je ne viens pas m'opposer à la proposition qui nous est faite; je viens au contraire remercier l'administration d'être entrée dans une série d'idées que provoquaient depuis longtemps, et ceux qui veulent voir diminuer l'impôt du sang qui pèse sur la population, et ceux qui se sont un peu occupés de balistique.

Nos soldats ont sur les soldats des armées étrangères un très grand nombre d'avantages que personne ne conteste; mais il y a des points sur lesquels ils leur sont inférieurs : on ne les exerce pas assez dans les polygones.

Sauf quelques cas assez rares, les fusils de munition n'ont presque pas d'utilité comme arme de tir.

Je ne sais pas jusqu'à quel point il est indispensable d'apprendre aux soldats, avec toutes les minuties qu'on y apporte, à décomposer le pas, à charger l'arme en douze temps, avec la régularité qu'y mettrait une machine; mais je crois que le dernier acte auquel le soldat est obligé de se livrer, est de tirer. Eh bien! c'est cet acte qui est le plus négligé : nos soldats n'apprennent pas suffisamment à tirer.

Une voix au centre : Ils tirent bien cependant !

M. Arago. — C'est une erreur ! ils tirent très mal, excessivement mal, et ce n'est pas leur faute ; c'est la faute de l'arme, en grande partie ; c'est aussi la faute du mode actuel d'instruction Quand vous tirez avec une arme où la balle est lâche, vous ne pouvez savoir dans quelle direction la balle sortira ; elle ballotte entre la partie supérieure et la partie inférieure du tube, elle effectue entre ces deux parties un certain nombre de ricochets, et le tireur n'a aucun moyen de prévoir dans quelle direction l'impulsion se sera communiquée à la balle, ni, dès lors, si elle sortira dans une direction formant, avec l'axe du fusil un angle en dessous ou en dessus. Rien non plus ne l'avertira si le projectile n'a pas ballotté de droite à gauche, s'il ne sortira pas du plan dans lequel on a eu l'intention de tirer. On a fait sur cela des statistiques ; on a examiné combien de coups portent sur le nombre de coups tirés, et je suis sûr de rester au-dessous de la vérité en disant, qu'à l'égard des troupes en campagne, il y a à peine un coup qui porte sur deux mille. (*Exclamations négatives.*) Vos dénégations ne prouvent rien, Messieurs. C'est après un examen scrupuleux des faits que je parle.

Le tir dans les polygones est tout-à-fait conforme à ce que je viens de dire. Faites tirer sur une masse ayant l'étendue d'une division d'infanterie, sur une cible ayant environ 33 mèt. de longueur sur 1 mèt. 90 cent. de hauteur, savez-vous combien de coups porteront à la distance, par exemple, de 350 mèt. ? Sept sur cent quand on a visé; et quand on ne vise pas, on ne touche presque pas du tout.

Le véritable moyen de donner de la précision au tir, c'est d'employer des armes rayées en hélice et à balle forcée; il faut que l'arme soit à balle forcée afin d'éviter ce que j'appelais des battements, des oscillations de la balle dans l'intérieur de l'arme, des oscillations qui ne permettent pas au tireur de connaître dans quelle direction la balle sortira. Il faut que le canon soit rayé, pour que, en sortant, la balle n'ait d'autre mouvement de rotation que celui que l'hélice lui a imprimé, perpendiculairement à l'axe du canon, c'est-à-dire le seul qui ne nuise pas à la justesse du tir.

Dans les pays étrangers, Messieurs, dans la plupart du moins, en Angleterre, en Suisse, en Suède, dans le Tyrol, on avait des chasseurs destinés, en général, à faire le service des tirailleurs, des chasseurs armés de carabines rayées, armes, je le répète, dont le tir est extrêmement régulier, les armées françaises n'en avaient pas.

Je crois qu'il est de notre devoir d'encourager le ministre de la guerre à persister dans la voie où il vient d'entrer, car cette voie est utile, car il est indispensable que nos tirailleurs, qui ont d'ailleurs tant d'autres excellentes qualités, puissent tirer aussi bien que les tirailleurs étrangers.

Je crois ne pas me tromper en disant que si l'on voulait se donner la peine de fouiller dans les cartons du ministère de la guerre, on y trouverait un rapport important de M. le colonel Lebeau du premier régiment d'infanterie de ligne. On y lirait qu'à la bataille de Waterloo, presque tous les officiers de ce régiment et le colonel lui-même furent blessés par des balles de fusils rayés, par des balles que M. Lebeau appelait des balles d'officiers, car les riflemen anglais qui tiraient sur son régiment, dédaignant le commun des soldats, avaient visé les officiers, et, comme vous voyez, ne les avaient pas manqués.

Qu'on me permette maintenant de m'étonner que dans le moment où l'on vient d'entrer dans une voie que je trouve excellente, on n'ait pas dit quelle est la circonstance qui l'a provoquée.

Pourquoi n'adoptait-on pas les carabines des étrangers? C'est que ces carabines se chargent longuement, avec un maillet, et qu'on avait cru que nos soldats ne se prêteraient peut-être pas à ce genre de manœuvres.

Pourquoi a-t-on adopté la carabine actuellement? C'est qu'on a trouvé moyen de charger les fusils rayés et à balle forcée comme les fusils ordinaires : on fait entrer une balle lâche, et au moyen de deux coups de baguette, on l'élargit assez pour qu'elle devienne balle forcée.

Si plus tard on adopte les fusils qui se chargent par la culasse, l'invention sera sans utilité ; mais, dans l'état actuel, l'invention est réelle. On dira peut-être qu'elle est bien simple, mais puisqu'on ne l'avait pas trouvée, puisque le ministère de la guerre l'a adoptée après des expériences nombreuses, je dis qu'elle mérite tous vos éloges.

Cette invention date de 1827 ; il y a 12 ans qu'elle a été proposée au gouvernement, qu'elle a été examinée. Si j'ai demandé la parole sur cette question, c'est que je faisais partie de la commission qui a étudié le système nouveau. Un officier d'artillerie très distingué, M. Poncharra y a apporté, dit-on, un perfectionnement, mais l'idée première remonte à 1827. Je me demande comment il est possible qu'on soit entré dans une voie aussi utile, que l'on propose une chose à laquelle tout le monde a applaudi, et qu'on n'ait pas dit qui a amené le gouvernement à cette innovation, qu'on n'ait pas dit qui avait rendu la chose exécutable maintenant, tandis qu'elle ne l'était pas jadis. Je demande pourquoi l'officier qui a fait cette invention ne se trouve ni dans l'exposé des motifs du ministre de la guerre, ni dans le rapport de la commission. C'est une grande récompense, Messieurs, pour un officier, que de voir son nom cité dans un acte officiel ; c'est une grande récompense pour un officier, que de voir son nom cité à cette tribune, d'être signalé comme un citoyen qui a rendu un service à son pays, qui a rendu, surtout, un service à l'armée.

L'inventeur de la carabine actuelle, c'est le capitaine Delvigne. Si M. Delvigne n'a pas pris de brevet d'invention (je le sais, parce que je me suis associé à toutes les démarches qu'il a faites au ministère de la guerre en 1827), c'est par un motif auquel tout le monde doit applaudir; c'est afin que les étrangers ne connussent pas le moyen simple et rapide de chargement qu'il avait inventé. Je crois qu'il a droit à un dédommagement. Je crois surtout qu'un dédommagement qui ne saurait lui être refusé, c'est d'entendre citer son nom à cette tribune.

Je ne dois pas le dissimuler, le public qui voit à l'exposition des produits de l'industrie, les fusils de M. Delvigne, s'est étonné du silence que l'exposé des motifs et le rapport ont gardé sur cet officier. On en a cherché la cause : cette cause, je ne la crois pas réelle; on a sans doute été dans l'erreur, mais on l'a attribuée à une certaine résistance de la part du comité d'artillerie.

Des réclamations du même genre ont été beaucoup trop vives pour qu'elles ne soient pas exagérées; elles sont trop générales pour qu'il n'y ait pas quelque chose de vrai dans ces plaintes dirigées contre le comité d'artillerie.

Sans doute le comité d'artillerie a grandement raison de ne pas adopter à la légère toutes les inventions qu'on lui présente; il est très sage qu'il les soumette à des épreuves sérieuses; mais l'immobilité n'est pas de la sagesse.

On disait jadis des académies qu'elles avaient pour devise :

« Nul n'aura de l'esprit que nous et nos amis. »

Messieurs, les académies se sont corrigées; que le comité d'artillerie se corrige aussi; il y gagnera, et le pays aussi.

Séance du 6 juillet 1844.

M. Arago. — J'ai assisté récemment à des expériences, il était de mon devoir de le faire, M. Delvigne s'étant adressé à l'Académie des sciences. J'avoue que les promesses de l'inventeur me paraissaient exagérées.

Le tir a eu lieu avec deux fusils Delvigne perfectionnés encore par l'entremise de divers officiers d'artillerie et des chasseurs de Vincennes.

Je laisse à l'honorable général qui, dans cette enceinte, représente si bien la cavalerie, M. le général Oudinot, à nous parler de ce qu'il a obtenu avec le mousqueton et le pistolet. Je me bornerai moi, au fusil. J'avertirai, cette circonstance ajoutera quelque chose à l'étonnement que nous avons tiré avec quatre grammes de poudre.

La balle est un cylindre terminé en avant par un cône. J'avais l'honneur, il y a quelques jours, de parler devant la chambre, à l'occasion des chemins de fer, de l'influence de la résistance de l'air.

La résistance de l'air joue aussi un rôle énorme sur la portée et sur la justesse du tir. Il est nécessaire quand on veut avoir une grande portée, de diminuer autant que possible la résistance de l'air ; la justesse exige que la balle ne tourne pas sur elle-même dans des directions faisant de grands angles avec le sens général de la trajectoire qu'elle parcourt. Si de pareils mouvements de rotation existent, non-seulement vous n'êtes pas sûr de toucher le but, mais la balle ne restera pas dans le plan où le tir s'est effectué ; elle dévie dans tous les sens; elle parcourt dans l'espace une de ces courbes qu'on appelle à double courbure, et le plus habile tireur n'est pas sûr de son fait.

Qu'arrive-t-il à la balle Delvigne? Elle sort en tournant, et elle touche toujours le but par la pointe ; elle tourne sur elle-même autour de l'axe du cylindre ou du cône, ce qui est la même chose ; elle tourne, qu'on me permette la comparaison, comme une vrille.

Nous nous sommes placés d'abord à 500 m. du but, c'est une distance considérable. Avec une balle ordinaire, le tir n'aurait aucune certitude. La cible occupait l'espace qu'occupent six hommes de front.

A ces 500 m., M. Delvigne a mis 14 balles sur 15 dans le but.

J'ai demandé un plus grand éloignement : nous

nous sommes alors placés à 700 m. ; nous avons toujours tiré avec 4 grammes de poudre, 7 balles sur 9 ont frappé le but.

Je croyais faire une proposition inadmissible en demandant qu'on se transportât à 900 mètres de la cible, c'est à peu près la distance qui sépare le pavillon de Flore de cette tribune. A cette distance de 900 mètres 2 balles sur 3 ont touché le but.

Ces résultats sont extraordinaires ; l'arme de M. Delvigne changera complètement le système de la guerre, elle en dégoûtera peut-être, je n'en serais pas fâché.

Séance du 5 mai 1845.

M. Arago. — Messieurs, je respecte trop la chambre, je me respecte trop moi-même, pour venir apporter à cette tribune des idées qui n'auraient pas été mûries, des assertions légères, des utopies.

Je n'ai pas toujours été écouté avec faveur à cette tribune, j'avais sans doute tort dans la forme toutes les fois qu'on m'a interrompu ; quant au fond, les événements sont venus à mon aide, et m'ont en général justifié.

Je me souviens, la chambre me permettra de le rappeler, que je fis ici de vains efforts en 1842, pour exciter l'intérêt de mes collègues en faveur du télégraphe électrique. Je disais qu'il frappait à notre porte ; je demandais que l'on fît des expériences, que l'on exécutât ces télégraphes. Mes paroles restèrent sans écho; ce genre d'appareil est établi aujourd'hui entre Paris et Rouen.

Je vantai à cette place les balles cylindro-coniques. Les résultats que je citais soulevèrent des doutes. Eh bien ! qu'on me permette de renvoyer les incrédules à l'organisation de chacune des divisions du corps expéditionnaire de M. le maréchal Bugeaud; ils y verront figurer 60 canonniers armés de carabines à balles cylindro-coniques.

Un jour, appuyé sur des recherches de physique terrestre, je parlai de la nécessité de construire le port d'Alger avec de gros matériaux; on avait alors fait prévaloir le système contraire. Mes observations furent mal accueillies. J'ai là une lettre de l'ingénieur habile qui dirige ces grands travaux. J'y lis ces paroles: « Ne vous découragez pas, on m'a donné l'ordre de suivre de point en point tout ce que vous avez recommandé. »

La chambre, je l'espère, aura la bonté de croire que je n'apporte jamais ici des idées hasardées, et pour lesquelles j'aurais un démenti le lendemain.

J'affirme de nouveau que l'art est en progrès, il faudrait fermer les yeux pour ne pas les voir.

Si quelqu'un avait avancé, il y a quelques années, qu'au lieu de lancer des bombes en leur faisant décrire des paraboles très élevées d'une grande courbure, on les projetterait de plein fouet, les artilleurs auraient reçu la prédiction par des éclats de rire. Aujourd'hui cependant, ce genre de tir est en pleine activité et donne des résultats inattendus.

J'ai mentionné les carabines à balles cylindro-coniques. J'en dirai encore quelques mots ; car cela se rattache d'une manière très directe et très intime à la question qui nous occupe. Ces armes ont donné des résultats étonnants, je crois que le mot n'est pas trop fort, la chambre va en juger.

La première idée de ces carabines rayées et de ces balles, appartient à M. Delvigne. Je m'empresse de le proclamer à cette tribune, dans un moment où il me semble qu'on ne le reconnaît pas assez. La baguette à l'aide de laquelle la balle est dilatée appartient aussi à M. Delvigne.

Le procédé a été perfectionné, il était naturel qu'il le fût en passant par les mains de nos savants, de nos habiles artilleurs. Le perfectionnement principal consiste dans l'implantation d'une tige d'acier dans le fond de la culasse. La balle s'applatit mieux, la poudre est mieux distribuée autour de sa surface. Voici maintenant les résultats. On a tiré sur une mire carrée de deux mètres de côté :

A une distance de 600 mètres on a mis dans la cible 26 balles sur 100.

A 1,000 mèt. 15 balles sur 100 ;
A 1,100 — 15 — 100 ;

On a tiré à 1,200 mètres. Veuillez vous figurer ce que

c'est que 1,200 mètres. C'est la distance de la façade du palais du Luxembourg à l'Observatoire.

A cette distance de 1,200 mètres on a mis dans la cible, 2 balles sur 100.

On a pris ensuite une mire plus large, une mire de 10 m. de largeur sur 2 m. de hauteur.

A 1,000 mèt.	on a mis	30	balles sur	100;
A 1,100	—	30	—	100;
A 1,200	—	12	—	100;

A 1,300 m. (treize cents mètres!) on a mis 8 balles sur 100 dans la cible.

Voilà, Messieurs, les résultats merveilleux obtenus avec l'arme nouvelle; voilà les résultats, dont les premières nouvelles d'Afrique nous feront apprécier l'importance à la guerre; voilà ce qui m'autorisait amplement à dire : l'art est en progrès.

Il importe de savoir si ces perfectionnements pourront être appliqués au canon proprement dit. Je crois que l'expérience est commencée depuis très peu de temps pour l'artillerie de terre. L'artillerie de marine s'en occupe aussi activement; peut-être les essais ne seront-ils complets que dans trois ou quatre ans.

Séance du 7 mai 1845.

M. Arago. — La chambre a écouté avec trop d'intérêt les chiffres que je lui ai cités touchant les résultats obtenus avec la carabine de M. Delvigne, pour qu'elle ne doive pas désirer que le point historique porté à cette tribune et concernant l'inventeur de cette arme, ne soit pas éclairci.

L'honorable général Paixans a rendu une justice complète à M. Delvigne, quant à l'invention qui consistait à rendre la balle forcée. M. Delvigne a trouvé, en effet, un procédé extrêmement simple à l'aide duquel on est dispensé de tout l'attirail dont les chasseurs tyroliens faisaient usage.

L'invention a été reconnue et approuvée convenablement.

Mais M. Delvigne a fait une seconde invention : celle-ci, on l'a laissée de côté; on a parlé de la fraction de tour que parcourt la rayure du canon. Cela a de l'importance; mais ce n'est pas une invention. Ce qui est une invention c'est l'idée de M. le colonel Thouvenin, c'est d'aplatir la balle cylindro-conique sur une tige fixée au fond du tonnerre. Mais la première idée de cette balle cylindrique et conique, à qui appartient-elle ? A M. Delvigne. L'invention a été perfectionnée, notamment perfectionnée; mais l'idée mère appartient sans contestation à M. Delvigne. Connaissez-vous les conséquences de cette forme ? les voici : On s'étonne qu'en tirant avec la carabine actuelle, on aille si loin quand on emploie si peu de poudre; on s'étonne, non pas de la justesse, elle est une conséquence naturelle du mouvement de rotation de la balle autour de son axe; mais on s'étonne que la balle aille si loin, et cela avec un recul si inoffensif pour le fantassin. Voilà ce dont on s'étonne avec raison.

L'explication est simple cependant : la forme que M. Delvigne a proposé de donner à la balle atténue la résistance de l'air. Lorsque vous comparez la balle du fusil Delvigne à la balle du fusil de rempart, vous trouvez jusqu'à environ 200 mèt. de distance, que la balle non cylindro-conique du fusil de rempart possède une vitesse que n'a pas celle de la carabine Delvigne ; mais aussitôt que les deux projectiles sont arrivés plus loin de l'arme, la balle cylindro-conique, moins retardée par l'air, a plus de vitesse que l'autre. Telle est l'influence de la forme.

Ce que je viens de dire ne m'empêche pas de reconnaître hautement que les officiers d'artillerie ont apporté à l'arme de M. Delvigne, des perfectionnements essentiels et très dignes d'éloges.

FIN.

TABLE DES MATIÈRES.

FIN DE LA TABLE.

EXTRAIT

DU

CATALOGUE GÉNÉRAL

DE LA

LIBRAIRIE MILITAIRE, MARITIME ET POLYTECHNIQUE

DE J. CORRÉARD

Rue Christine, numéro 1.

Ordonnances, Règlements et instructions à l'usage des officiers et sous-officiers.

Ordonnances sur les manœuvres et l'exercice de l'infanterie, 3 vol in-32, avec planches, cartonnés. 5 f. » c.

Ecoles du soldat et de peloton, 1 vol. in-32, broché. 50

Ecole de bataillon, 1 vol. in-32, broché. 75

Evolutions de ligne, 1 vol. in-32, broché. 75

Fonctions des guides dans les manœuvres, d'après l'ordonnance d'infanterie, à l'usage des sous-officiers, in-32. 25

Aide-mémoire d'infanterie, ou Tableaux synoptiques en miniature de l'ordonnance d'infanterie, par LELOUTEREL, 3 vol. in-32. 2 50

Manuel complet des sous-officiers et caporaux, 1 vol. in-18, de plus de 300 pages, avec planches. 2 »

Ordonnance sur les manœuvres et l'exercice de la cavalerie, 3 vol. in-32, avec planches, cartonnés. 6 »

Extrait de l'ordonnance sur l'exercice et les manœuvres de la cavalerie, contenant les écoles du cavalier à pied et à cheval, 1 vol. in-32. 1 »

Extrait de l'ordonnance sur l'exercice et les manœuvres de la cavalerie, contenant les écoles du cavalier et de peloton à pied et à cheval, 2 vol. in-32. 1 50

Manuel des sous-officiers de cavalerie, par demandes et par réponses, par Fougère, capitaine de cuirassiers, 1 vol. in-32. 1 »

Manuel du brigadier, par demandes et par réponses, par Fougère, capitaine de cuirassiers, 1 vol. in-32. 1 »

Règlement provisoire sur l'instruction à pied et à cheval, dans les régiments d'artillerie, 2 vol. in-32 et Atlas. 5 »

Extraits du même règlement pour les sous-officiers et brigadiers.

Instruction à pied, 1 vol. in-32. » 60

Instruction à cheval, 1 vol. in-32. » 80

Instruction provisoire sur le service des bouches à feu de bataille, 1 vol. in-32. » 50

Instruction provisoire sur le service des bouches à feu de siége et de place, 1 vol. in-32. » 75

Instruction sur les manœuvres de force de siége à l'usage de l'artillerie, 1 vol. in-32. » 75

Règlement sur les manœuvres et les évolutions de batteries attelées, 2 vol. in-32 et 2 Atlas in-8°. 4 59

Instruction sur le service et les manœuvres de l'équipage de pont, d'avant-garde et de division, 1 vol. in-32, avec planches. 1 »

Ordonnance portant règlement sur le service intérieur, sa police et la discipline des troupes, 1 vol. in-32. 1 »

Ordonnance sur le service des armées en campagne, 1 vol. in-32. 1 »

Ordonnance sur le service dans les places et les quartiers, 1 vol. in-32. 2 »

Extrait de l'ordonnance sur le

service intérieur, à l'usage des sous-officiers, 1 vol. in-32. » 50

Extrait de l'ordonnance sur le service en campagne, 1 vol. in-32. » 25

Extrait de l'ordonnance sur le service dans les places, 1 vol. in-32. » 25

Manuel d'administration et de comptabilité militaire, par le colonel HUSSON, 1 vol. in-32. 1 »

Instruction sur le tir à l'usage des corps d'infanterie, 1 vol. in-32. » 30

Instruction sur la fortification passagère, la défense et l'attaque des postes retranchés, précédée de notions sur les barraquements, 1 vol. in-12, avec planches. 2 »

Ecole du tirailleur, du maniement de la baïonnette, appliquée aux exercices et manœuvres de l'infanterie, par PINETTE, 1 vol. in-18. » 75

De la petite guerre, selon l'esprit de la stratégie moderne, par DECKER, 1 vol. in-12, avec planches. 6 »

Essai sur la guerre des partisans, par le général DAVIDOFF, 1 vol. in-8°. 6 »

Des nouvelles carabines et de leur emploi, notice historique sur les progrès effectués en France, depuis quelques années dans la justesse du tir des armes à feu portatives, 1 vol. in-8°. 2 50

Guide pratique pour l'enseignement du se rvce de troupes en campagne dans les écoles de bataillon, par un officier d'infanterie, 1 vol. in-12. 3 »

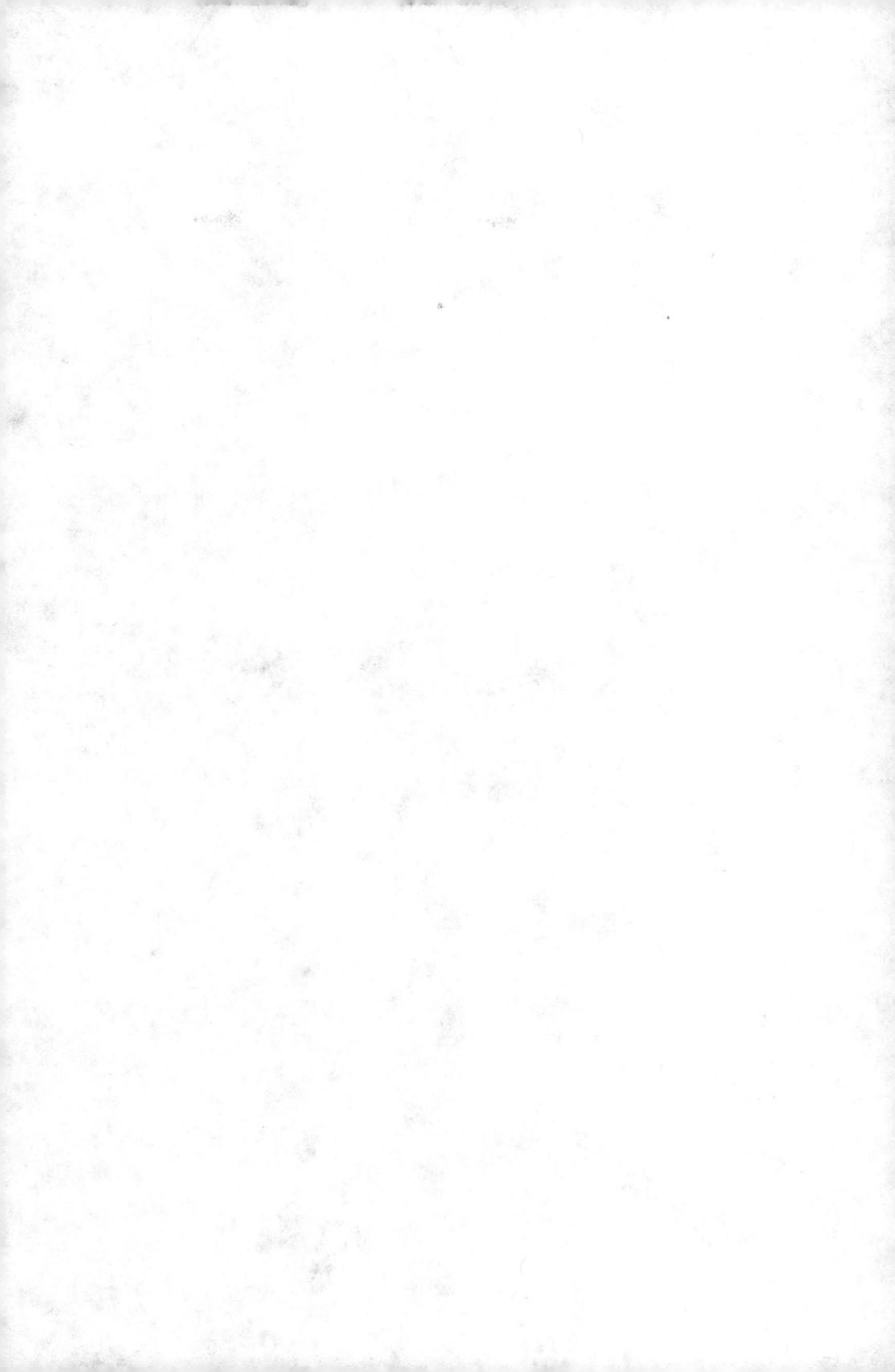

www.ingramcontent.com/pod-product-compliance
Lightning Source LLC
Chambersburg PA
CBHW052049270326
41931CB00012B/2689
9782013752114